金美燕 著

会计要不要谨慎？

稳健性对会计信息相关性和
可靠性之间权衡关系的影响

上海人民出版社

2016 年上海高校青年教师培养资助计划和 2016 年上海师范大学旅游学院人才队伍建设工程"雏鹰计划"资助

目　录

表 目 录

图 目 录

中 文 摘 要

　　由于财务报表数据的重要性,价值相关性在会计领域研究得非常广泛。1999 年,J.张(J.Chang)、J.弗朗西丝(J.Francis)和 K.席佩尔(K.Schipper)把财务报表的价值相关性定义为会计数据概括市场价格中所含信息的能力和程度。[1] 2001 年 E.巴思(E.Barth)、威廉·H.比弗(William H.Beaver)、R.兰兹曼(R.Landsman)认为价值相关性检验是相关性和可靠性的联合检验。[2] "盈余的价值相关性程度越高,其对市场参与者作投资决策就越有用"的观点在行业内得到一致认可。但是由于 2001 年 "Enron 公司破产案"、2002 年 "Worldcom 事件"和 2002 年 GlobalCrossing 等企业的经济丑闻不断发生,且这些破产企业在事发之前并没有给出正确的财务信号,使得人们对财务报表的可靠性产生了疑问。除此之外,1997—1998 年东南亚金融危机发生后,人们也对财务报表提供信息的可靠性进行了质疑。这些都使投资者们在某种程度上,对公开的财务报表中的会计信息的相关性和可靠性缺乏信心。

　　1999 年 S.布朗(S.Brown)、K.罗(K.Lo)、T.Z.利斯(T.Z.Lys)和 2007 年 Z.古(Z.Gu)的研究为已研究数十年的价值相关性提供了进一步的证据。[3][4] 他们的研究表明美国企业的盈余价值相关性从 1950 年至 1990 年四十年间呈下降趋势,1997 年

D.W.科林斯(D.W.Collins)、E.L.梅杜(E.L.Maydew)、L.S.韦斯(L.S.Weiss)[5]在 1995 年 G.A.费尔特姆(G.A.Feltham)、J.A.奥尔森(J.A.Ohlson)方法的实证研究工作的基础上[6],发现过去四十年间盈余的价值相关性变弱了。先行研究还指出,会计信息质量要求之一——稳健性可能是造成盈余信息价值相关性长期以来变弱的原因之一,稳健性的"使盈余比起好消息,更能体现坏消息"的特质会削弱会计信息解释收益的能力。

　　本研究以中国为背景,对财务报表的相关性和可靠性进行了评估,本书研究的前两个问题是:(1)会计稳健性和相关性(可靠性)之间的关系;(2)相关性(可靠性)对盈余有用性的影响。会计信息的相关性被美国财务会计准则委员会(FASB:Fiancial Accounting Standards Board)在《财务会计概念第 2 号》(SFAC No.2:Statement of financial accounting concepts No.2)[7]定义为"能够有助于会计信息使用者形成对企业过去、现在或者未来事件情况的评价或者预测,或者确认或者修正之前预期,从而做出不同的决策",会计信息的可靠性被财务会计概念定义为:"可靠性是指信息使用者可以信任其所提供的信息。只有当会计信息反映了其所打算反映的内容,不偏不倚地表现了实际的经济活动和结果,既不倾向于事先预定的结果,也不迎合某一特定利益集团的需要,能够经得起验证核实,才能认为是具有可靠性的。"在本书中,我用当期盈余预测未来现金流量的能力来计量相关性,用当期盈余预测未来盈余的能力来计量可靠性。

　　本书研究的第三个问题是,中国企业会计准则制度对会计信息的稳健性与当期盈余预测未来现金流量(未来盈余)的能力之间关系的影响。中国财政部在 2006 年 2 月 15 日发布了于 2007 年 1 月 1 日在上市公司中执行的《企业会计准则》,旨在规范企业会计确认、计量和报告行为,保证会计信息质量。该会计准则体系基本实现了中国会计准则与国际财务报告准则的趋同。《企业会计准则》明确将公允价值作为会计计量属性之一,并在 17 个具体会计准则中不同程度地加以运用,使我国会计向国际趋同迈出了实质性的一步。公允价值是指熟悉情况的交易双方在公平交易的条件下所确定的价格,在会计实务中,通常由相同或相似的市场价格或资产评估机构确定公允价值使会计信息对使用者来说更全面更具有相关性。因此,它更受国际会计准则制定者推崇。本研究更致力于考察上市公司财务报表的相关性和可靠性在 2007 年《企业会计准则》实行之后是否得到改善。为了回答这一问题,本书研究了中国的《企业会计准则》对会计稳健性、相关性、可靠性和盈余有用性的影响。

本书借用 1997 年科林斯、梅杜和韦斯,2005 年 M.金(M. Kim)、W.克罗斯(W.Kross)[8],2010 年 S.P.班迪欧费叶(S.P. Bandyophyay)、C.L.陈(C.L.Chen)、A.G.黄(A.G.Huang)、R. 扎(R.Jha)[9]在先前相关研究中采用的增量 R^2 方法计量了盈余有用性、可靠性和相关性。并用两种不同方法计量了会计稳健性,即 D.纪沃利(D.Givoly)和 C.海恩(C.Hayn)2000 年提出的累计非经营应计项目和 2010 年班迪欧费叶论文中采用的稳健性指数,该指数取自四种不同的稳健性计量值,包括累计非经营应计项目,盈余波动性,盈余偏度和市场价值比率。

本书以于 1998—2010 年在上海和深圳股票交易市场进行交易的上市公司作为样本,观测值数量为来自 508 家企业的 6 131 个。

本书实证分析的主要结果如下:

首先,实证结果表明,会计稳健性和当期盈余预测未来现金流量的能力呈正相关,会计稳健性与当期盈余预测未来盈余的能力呈负相关。这表明,会计稳健性通过限制管理者夸大盈余的机会主义行为增强了会计信息的相关性,但是会计稳健性的"与将损失确认为坏消息相比,会计在财务报表中将好消息确认为收益时要求有更高的可验证性"的特点,很容易造成偏误,从而对盈余的可靠性造成了损害。这些结果在整个样本期间即1998—2010年都是一致的。其次,股票价格和盈余之间的关系、当期盈余预测未来现金流量(未来盈余)的能力呈正相关,这表明盈余有用性的趋势受现金流量预测能力、盈余预测能力的影响。这些结果同样适用于整个样本期间(即1998—2010年)。

第三,在2007年《企业会计准则》实行之后,会计稳健性与当期盈余预测未来现金流量能力之间的相关性下降,盈余有用性和可靠性之间关系的相关程度下降,会计稳健性和当期盈余预测未来盈余能力之间关系的相关性加强,盈余有用性和当期盈余预测未来现金流量的能力之间的相关性加强。总之,盈余有用性在《企业会计准则》实行之后加强,而盈余有用性的考量在会计准则设计中也是非常重要的。

注　释

[1] J.Chang, 1999. The Decline in Value Relevance of Earnings and Book Values. Working paper, Harvard University.

[2] E.Barth, H.Beaver, and R.Landsman, 2001. The Relevance of Value Relevance Literature for Financial Accounting Standard Setting: Another View. *Journal of Accounting and Economics* 31:77~104.

[3] S.Brown, K.Lo, and T.Lys, 1999. Use of R^2 in Accounting Research: Measuring

Changes in Value Relevance Over the Last Four Decades. *Journal of Accounting and Economics* 28:83～115.

[4] Z.Gu, 2007. Across-Sample Incomparability of R^2 and Addition Evidence on Value Relevance Changes Over Time. *Journal of Business Finance & Accounting* 34(7&8): 1073～1098.

[5] D.W.Collins, E.L.Maydew, and L.S.Weiss, 1997. Changes in the Value-Relevance of Earnings and Book Values Over the Past Forty Years. *Journal of Accounting and Economics* 24(1):143～181.

[6] G.A.Feltham and J.A.Ohlson, 1995. Valuation and Clean Surplus Accounting for Operating and Financial Activities. *Contemporary Accounting Research* 11(2):689～731.

[7] Financial Accounting Standards Board, 1980. Statement of Financial Accounting Concepts No.2: Qualitative Characteristics of Accounting Information Financial Accounting Standards Board.

[8] M.Kim and W.Kross, 2005. The Ability of Earnings to Predict Future Operating Cash Flows Has Been Increasing-Not Decreasing. *Journal of Accounting Research* 43:753～780.

[9] S.P.Bandyopadhyay, C. L. Chen, A. G. Huang, and R. Jha, 2010. Accounting Conservatism and the Temporal Trends in Current Earnings' Ability to Predict Future Cash Flows versus Future Earnings: Evidence on the Trade-Off between Relevance and Reliability. *Contemporary Accounting Research* 27(2):413～460.

Abstract

Because of the importance of financial statement data, value relevance has been extensively researched in accounting literature. Value relevance of financial statements is defined as the ability and degree accounting data summarizes information impounded in market prices by J. Chang, J. Francis and K. Schipper in 1999.[1] It is generally agreed upon that the greater the value relevance of earnings, the more useful it is for market participants to make investment decisions. E. Barth, H. Beaver and R. Landsman acknowledge that value relevance tests are joint tests of relevance and reliability in 2001.[2] A phenomenon triggering the current research is that, to some extent, investors have lost confidence in relevance and reliability of accounting information in published financial statements. The reason for the loss of confidence in the accounting profession is associated with the economic scandals involving Enron(2001), Worldcom (2002), Global Crossing(2002) etc. Bankrupt companies failed to give accurate financial signals, suggesting that the reliability of financial statements is questionable. Moreover, the economic crisis in East and South East Asia in 1997—1998 have further questioned the reliability of information provided by financial statements. As a result, studies of value relevance of accounting information including income has become the focus of financial accounting research.

Further evidence of the decay of value relevance is discussed by S.Brown, K.Lo, T.Lys[3] in 1999 and by Z.Gu[4] in 2007. They demonstrate the decline in the relevance of earnings information for U.S. firms over a period of 40 years from 1950 up to 1990. In 1997, D.W.Collins, E.L.Maydew and L.S.Weiss,[5] who base their empirical work on G.A.Feltham and J.A.Ohlson (1995)[6], also find that over the past 40 years, the value relevance of earnings has decreased. Prior literatures argue that one of the attributes of accounting quality-conservatism may be one cause for the decline in the value relevance of earnings over time. Conservatism has a characteristic of "incorporating bad news into earnings more readily than good news" which reduces the ability to explain returns.

This paper evaluates relevance and reliability of financial statements in a Chinese context. The first two issues examined in this paper are: (1) the relationship between accounting conservatism and relevance(and reliability); (2) the effects of relevance(and reliability) on earnings usefulness. Accounting information *relevance* is defined in SFAC No.2(SFAC No.2: Statement of financial accounting concepts No.2)[7] as accounting information's "capacity of making a difference in a decision by helping users to form predictions about the outcomes of past, present, and future events or to confirm or correct prior expectations." The definition of *reliability* of information by the SFAC is "the quality of information that assures that information is reasonably free from error and bias towards a predetermined result and faithfully represents what it purports to represent". I measure relevance as the ability of current earnings to predict future cash flows and reliability as the ability of current earnings to predict future earnings.

The third issue is the effect of the Accounting Standard for Business Enterprise(ASBE, hereafter) on the relationship between accounting conservatism (and earnings usefulness) and the ability of current earnings to predict future cash flows(and future earnings). The Chinese Ministry of Finance issued the ASBE on 15 February 2006 in China, which has been in practice since 1 January 2007. The purpose of Accounting Standard is to bring China more in line with global accounting practices. Since the adoption of the new regulations, fair value has been promoted. Fair value is defined as "the amount used by the trading parties who are familiar with the situation in the fair transaction of the assets and liabilities". Fair value provides accounting information which is more comprehensive and relevant to users, therefore it is favoured by international standard setting organizations. The purpose of this paper is to evaluate if relevance and reliability of financial statements improve after the introduction of the ASBE in 2007. To answer this question, prior literature is reviewed and the effects of the ASBE on the relationship between accounting conservatism, relevance, reliability, and earnings usefulness in China are investigated.

I borrow methodology used in prior related literature such as Collins, Maydew, Weiss in 1999, M. Kim and W. Kross in 2005[8] and S. P. Bandyophyay, C. L. Chen, A. G. Huang, R. Jha in 2010[9], and measure earnings usefulness, reliability and relevance based on the incremental R^2 approach. I use two different measures of accounting in empirical analysis, namely, cumulative non-operating accurals(D. Givoly and C. Hayn 2000) and an index used in Bandyopadhyay et al. (2010), taken from four different conservatism measures, including cumulative non-operating accruals, earnings volatility, earnings skewness and market-to-book ratio.

This paper uses the sample of listed companies traded on Shanghai Stock Exchange and Shenzhen Stock Exchange during the period of 1998-2010, which consists of 6131 observations for 508 firms.

The primary results collected from multivariate analysis are listed below:

First, the data suggests that there is a positive relationship between accounting conservatism and the ability of current earnings to predict future cash flows. There is a negative relationship between accounting conservatism and the ability of current earnings to predict future earnings, which suggests that accounting conservatism can increase earnings relevance by constraining the opportunist behavior of management to over- state earnings but impair earnings reliability by imparting bias or errors as a result of incorporating bad news into earnings more readily than good news. These findings are consistent for the entire sample period, from 1998 to 2010.

Second, the data suggests the relationship between stock price and earnings is positively related to the ability of current earnings to predict future cash flows(and future earnings), which suggests the trend in earnings usefulness is affected by cash flow predictability and earnings predictability. These findings are consistent for the en- tire sample period, from 1998 to 2010.

Third, after the ASBE was introduced in 2007, the data sug- gests that, the relationship between accounting conservatism and the ability of current earnings to predict future cash flows declines; The relationship between conservatism and the ability to predict fu- ture earnings increases; and the relationship between earnings use- fulness and relevance increases. In summary, earnings usefulness increases after the introduction of the ASBE, the increase in earnings usefulness increases after the introduction of the ASBE, the increase in earnings usefulness was designed to be a significant part of the standard.

注 释

[1] J.Chang, 1999. The Decline in Value Relevance of Earnings and Book Values. Working paper, Harvard University.

[2] E.Barth, H.Beaver, and R.Landsman, 2001. The Relevance of Value Relevance Literature for Financial Accounting Standard Setting: Another View. *Journal of Accounting and Economics* 31:77~104.

[3] S.Brown, K.Lo, and T.Lys, 1999. Use of R^2 in Accounting Research: Measuring Changes in Value Relevance Over the Last Four Decades. *Journal of Accounting and Economics* 28:83~115.

[4] Z.Gu, 2007. Across-Sample Incomparability of R^2 and Addition Evidence on Value Relevance Changes Over Time. *Journal of Business Finance & Accounting* 34(7&8): 1073~1098.

[5] D.W.Collins, E.L.Maydew, and L.S.Weiss, 1997. Changes in the Value-Relevance of Earnings and Book Values Over the Past Forty Years. *Journal of Accounting and Economics* 24(1):143~181.

[6] G.A.Feltham and J.A.Ohlson, 1995. Valuation and Clean Surplus Accounting for Operating and Financial Activities. *Contemporary Accounting Research* 11(2):689~731.

[7] Financial Accounting Standards Board, 1980. Statement of Financial Accounting Concepts No.2: Qualitative Characteristics of Accounting Information Financial Accounting Standards Board.

[8] M.Kim and W.Kross, 2005. The Ability of Earnings to Predict Future Operating Cash Flows Has Been Increasing-Not Decreasing. *Journal of Accounting Research* 43:753~780.

[9] S.P.Bandyopadhyay, C.L.Chen, A.G.Huang, and R.Jha, 2010. Accounting Conservatism and the Temporal Trends in Current Earnings' Ability to Predict Future Cash Flows versus Future Earnings: Evidence on the Trade-Off between Relevance and Reliability. *Contemporary Accounting Research* 27(2):413~460.

第一章 会计稳健性

会计稳健性（谨慎性）作为会计信息质量要求之一，它一直是学术研究中的热门课题。本书也旨在探究对经济业务进行会计核算时是否要谨慎。那么会计稳健性是什么时候被提出，它有哪些分类，会计稳健性受哪些因素的影响，同时会计稳健性作为一个比较抽象的概念，它在实证分析中是怎样被衡量的？等等。本章对这些问题都一一进行了说明；另外，本章还介绍了我国会计稳健性原则的采用历程。

第一节 会计稳健性的定义

会计稳健性最早可溯源到中世纪的庄园经济，庄园经济中有一个特殊管理制度——庄官制。在中世纪经济中，领主作为庄园的统治者，他们采用"庄官制"来管理庄园。庄官制下的管理者由总管、管家、庄头及其他人员构成。一般由管家来控制庄园簿记，而庄园簿记能够表明管理者受托责任的履行情况。管理者通常会多计支出少计收入。因为管理者的报酬会与簿记中的剩余有关，如果经审计人员盘点之后，发现实存数小于账面数,那么盘亏的部分需要由管理者来补偿。

由此可见,国际上对稳健性的应用至今已超过五百年。最早对稳健性进行定义的是 J. H. 布利斯(J. H. Bliss),他在其 1924 年发表的文章中表述说:"稳健性,要求不要预计利润,但预计所有可能的损失。"[1]井尻雄士(Eric Lous Kohler)在《会计词典》对稳健性做出的定义为:选择核算经济事项的会计方法的应用指南,以保证其对资产、负债、损益及所有者权益产生的直接的有利影响达到最低程度。[2]菲尔特姆和奥尔森将会计稳健性定义为:按低于市场价值的数额记录经营性资产,由此产生的计量偏差作为"未加以记录的商誉"[3]。1997 年 S. 巴苏(S. Basu)将会计稳健性定义为"与将损失确认为坏消息相比,会计在财务报表中将好消息确认为收益时要求有更高的可验证性"[4]。

在各国的会计准则中我们也能找到对稳健性的有关解释。国际会计准则委员会(IASB: International Accounting Standards Board)将稳健性定义为:"所谓谨慎性(Prudence),是指在存在不确定因素的影响时,会计人员需要运用必要的判断来对经济事项做出估计,而这种估计需要加入一定程度的审慎态度,以保证不多计资产或收益,也不少计负债或费用。但是,审慎并不意味着允许过分提取减值准备及故意地压低资产和收益或抬高负债和费用等,因为在这种情形下编出来的财务报表不可能具备可靠性。"美国会计原则委员会(APB: Accounting Principle Board)在其第 4 号公告中指出:"管理人员、投资者和会计人员历来宁肯低估净收益及净资产,也不愿意高估净收益或净资产。"美国财务会计准则委员会 1980 年的第 2 号概念公告术语表中对稳健性的定义为："稳健性是对不确定性的审慎反应,努力确保商业环境中存在的不确定性和风险都能被充分考虑到。因而如果未来收到或支付的两个估计金额有同等的可能性,稳健性要求使用较为不乐观的估计数。"1989 年,国际会计准则委员会在其概念框架中的定义为:"谨慎性(Prudence)是在不确定的条件下,需要运用判断作出必要的估计中包含一定程度的审慎(Caution),比如资产或收益不可高估,负债或费用不可低估。"我国2006 年颁布的《企业会计准则——基本准则》中有关稳健性规定:"企业对交易或者事项进行会计确认、计量和报告,应当保持应有的谨慎,不应高估资产或者盈利,低估负债或者费用。"因此,会计稳健性就是指在不确定的情况下,要采用谨慎的态度,不高估资产,不低估负债。

第二节　会计稳健性的分类

会计学术界把稳健性分为两大类,分别为条件稳健性和非条件稳健性。其中,条件稳健性又被称为事后稳健性或损益表稳健性,它是根据巴苏使用的用盈余反应不对称来检验会计稳健的实证方法,巴苏认为,稳健会计是指"会计人员确认好消息的标准比确认坏消息的标准更为严格的一种倾向",是指当出现不利情况时,如资产价值下降,则将该资产的部分账面价值注销,使其与当期的市场价值保持一致;相反当发生有利事项,如资产增值,就不能对该资产的账面价值进行调整。实务中对于条件稳健性的应用主要体现在存货的后续计量、固定资产和无形资产的减值准备计提等方面。巴苏检验的是盈余表的数据，所以也叫盈余稳健，由于它依赖于这一条件，即股票市场的收益充分反映了消息，因此也被 R.鲍尔（R.Ball）和 L.希弗库马（L. Shivakumar）、比弗和 S.瑞安（S.Ryan）[5]称作条件稳健性。与条件稳健性相对应的是非条件稳健性，它也被称为事前稳健性或资产负债表稳健性，该类稳健性下的会计处理方法在资产和负债形成时便已经确定，而与当期的消息无关，因此也不会因为之后经济环境的变化而发生改变。非条件稳健性通常是通过费用的加速确认和收入的推迟确认来达到使企业净资产账面价值持续被低估的目的。实务中，非条件稳健性的典型实例也很多，如研究阶段研究支出的直接费用化处理、固定资产等的加速折旧法等。

　　2005 年比弗和瑞安认为非条件稳健性和条件稳健性是相关的。2000 年纪沃利和海恩发现，盈余稳健性和市场价值比率在 1950—1998 年间一直在上升。[6] J.佩（J.Pae）、D.B.桑顿（D.B. Thornton）、M.韦尔克（M.Welker）发现盈余稳健性，即企业确认坏消息比好消息更及时的倾向，市净率低的企业比市净率高的企业更强。[7] S.罗伊乔杜里（S.Roychowdury）和 R.沃茨（R. Watts）在 2007 年对期末市场价值比率和不对称及时性之间的关系进行了检验，发现仅当后者由 1 年期作为估计期间时，两者呈负相关，而当后者由 2 年及以上期间作为估计期间时，两者呈显著正相关。[8] 这些解释了 2000 年纪沃利和海恩及 2005 年佩、桑顿和韦尔克的论文研究结果。由于难以分割两种形式的稳健性，虽然本研究的假设是基于条件稳健性提出的，但是本书的实证检验结果尝试捕捉非条件稳健性和条件稳健性的效果。

第三节　会计稳健性的影响因素

2003 年沃茨认为契约、税收、股东诉讼和管制是会计稳健性产生的四大动因,而契约需求是最重要的动因。[9]

一、契约

契约是两人或多人之间为相互设定合法义务而达成的具有法律强制力的协议。契约理论指出,企业是一系列契约的集合体。契约关系安排方式的差异使得契约代理人较委托人拥有更多的相关信息,从而引发“逆向选择”＊和“道德风险”等代理问题。稳健性的会计信息是可以化解各种不对称性带来的道德风险的约束机制,它能够遏制代理人员多报盈余和净资产的机会主义动机,从而缓解代理人和委托人双方信息不对称的矛盾,并有助于委托人及早发现亏损项目,降低经济风险,提高企业的整体价值。因此,理性经济人会要求与他们签订契约来遏制这种所谓的机会主义行为。这些契约包括管理层的薪酬契约和债务契约。现代企业制度的特点是所有权与管理权分离,公司的所有者不直接参与企业的经营管理,他们通常会雇佣经理人来管理企业。这时,经理人相对于所有者来说,掌握着更多的信息。管理者为获取高额报酬或免受股东责罚,会通过夸大收益隐瞒

＊　逆向选择,指的是这样一种情况,市场交易的一方如果能够利用多于另一方的信息使自己受益而对方受损时,信息劣势的一方便难以顺利地做出买卖决策,于是价格便随之扭曲,并失去了平衡供求、促成交易的作用,进而导致市场效率的降低。

亏损来操纵利润。理性的所有者能够预期到管理层的机会主义行为,并减少管理层报酬对会计盈余的敏感度。于是,稳健原则就成为处理不确定事项的一个原则,避免管理层高估资产或收益,低估负债或损失。债务契约是指债权人向企业提供资金并定期取得利息和本金的契约。在债务契约中,当企业经营状况良好时,债权人也只能得到其本金和利息,而当企业经营恶化或资不抵债时,债权人却无法收回他们的投资,股东为了获得高额利润,更倾向于把借来的资金用于高风险、高收益的投资项目中,在这种情况下,债权人要和股东共同承担风险,但却不能从这种高风险中获得更高的收益。这种未来收回本金和利息的不确定性,使债权人们更关注于企业的最低价值,为了自保,他们会要求公司能及时报告"坏消息",从而使会计信息具有稳健性。

二、股东诉讼

沃茨认为股东的诉讼也被认为是稳健会计的另一个来源。早在 19 世纪后期的英国,审计人员就常因在对高估资产和收益的企业财务报告的审计工作中出具了无保留意见的审计报告,而在企业破产清算后遭到起诉。所以在之后的审计中,审计人员进行审计时都会要求财务报告中的信息要具备稳健性。会计人员对企业的不确定事项做出乐观估计,导致企业的投资者作出了错误的决策,由此带来的风险将由会计人员承担。并且由于高估资产比低估资产更容易引起诉讼,产生诉讼成本,因此会计人员出于自我保护的需要,也会悲观处理不确定事项,规避诉讼风险。1997 年巴苏以美国 1963—1990 年上市公司作为研究对象,将其研究中的样本期间划分为高法律诉讼期和低法律诉讼期两阶段,并最终发现,高法律诉讼期间的会计稳健性程度呈显著上升状态,低诉讼期间会计稳健性程度则变化不大。

三、管制

管制也是稳健性的重要原因之一,上市公司高报资产和利润比低报资产和利润更容易引起投资者对监管机构的不满。同时如果企业夸大净资产,那么准则制定机构也会面临更多的批评。会计稳健性在一定程度上可以降低政治成本*,所以它们更倾向稳健性原则。

四、税收

稳健性原则要求企业在处理经济业务时只确认可能的损失和费用,而对于未来可能的收益和利得,除非有充足的证据,否则不予确认。对收入和损失确认的不一致使企业减少当期应税额从而增加企业的价值。

综上所述,影响会计稳健性的因素主要有契约、诉讼、管制和税收。除此之外,公司治理等因素也会影响会计稳健性。

第四节　会计稳健性的衡量

关于会计稳健性的衡量,主要有以下几种方法。

---

* 政治成本是指某些企业面临着与会计数据明显正相关的严格管制和监控,一旦财务成果高于或低于一定的界限,企业就会招致严厉的政策限制,从而影响正常的生产经营。

一、净资产市场价值对账面价值比率

1995 年菲尔特姆和奥尔森等认为,如果平均而言,净资产市场价值等于账面价值,会计就是无偏的,如果平均而言,净资产市场价值大于账面价值,会计就是稳健的。这种将净资产市场价值对账面价值比率(MTB: Market to Book Ratio)作为稳健的一种计量方式,得到了一部分研究者的支持。

二、巴苏模型

1997 年巴苏将会计稳健性定义为"与将坏消息确认为损失相比,会计人员在确认好消息为收益时需要更多的证据"。股票价格能够对市场中出现的各种信息,包括盈余信息及时做出反映,股票价格的变动可以反映一定时期市场中出现的信息。而稳健性原则的要求是企业会计人员要及时确认损失,延迟确认收益,因此如果会计信息存在稳健性,则股票收益率和会计盈余对损失的反映是同步的,但是对于收益的反映,股票对好消息的敏感度要早于会计盈余。基于以上理论,巴苏将股票回报率分为两类:正股票回报率和负股票回报率,把其作为好消息和坏消息的替代变量来对公司盈余对好消息和坏消息进行相关性研究。1997 年巴苏提出根据股票价格和会计盈余在确认收益和损失时的及时性差异(Differential Timeliness)来测量会计稳健性:

$$\frac{EPS_{i,t}}{P_{i,t-1}} = \alpha_0 + \alpha_1 DR_{i,t} + \beta_0 R_{i,t} + \beta_1 R_{i,t} * DR_{i,t} + \varepsilon$$

$$(1\text{-}1)$$

$EPS_{i,t}$ 代表 i 公司 t 财务年度的每股盈余,$P_{i,t-1}$ 表示 i 公

司 $t-1$ 年年末的股价，$R_{i,t}$ 表示公司 t 财务年度的股票回报率，$DR_{i,t}$ 是虚拟变量，用于区分好消息和坏消息，如果股票回报率大于 0，则 $R_{i,t}>0$，代表好消息，此时 $DR_{i,t}$ 为 0，反之如果股票回报率小于 0，代表坏消息，则 $DR_{i,t}$ 为 1，由于盈余因变量对企业包含的坏消息比对好消息更及时，因此 β_0 度量了会计盈余对好消息的敏感程度，而 $(\beta_0+\beta_1)$ 度量了会计盈余对坏消息的敏感程度，β_1 就度量了会计盈余对坏消息的敏感程度比对"好消息"敏感程度的增量，即公司的稳健性程度。

三、累计应计项目及盈余偏度

巴苏模型是建立在市场有效性的前提下，要求资本市场具有较高的有效性，股票能够迅速对市场中的消息做出反应。同时，该模型只适用于上市公司，对于非上市公司得不到它的股票收益率，因此对非上市公司的稳健性无法衡量。但是会计稳健性有体现公司应计项目的特点，2000 年纪沃利和海恩提出用累计应计来计量会计稳健性。他们发现，当选择累计项目为负的样本时，会计盈余的分布不集中，对坏消息的反映更敏感，这就意味着会计稳健性程度在加强。因此，可以用累计应计的符号和大小来计量会计稳健性，当累计应计为负时表示稳健性存在，而且该负数的绝对值越大表示稳健性越高。

另外，纪沃利和海恩认为，稳健性原则的应用造成的好消息确认延迟而坏消息确认及时会使会计盈余出现左偏的现象。因此，他们认为可以用盈余的偏度来度量稳健性的大小。

四、鲍尔和希弗库马模型

2005 年鲍尔和希弗库马指出巴苏(1997)模型无法从应计中的随机误差(例如错误的存货量)和某些盈余管理(例如过度计提准备)中将盈余中的暂时性收益或损失分离出来,而且巴苏模型只能识别暂时性部分是否存在,却不能识别它们的确认是否及时。此外,私有企业由于没有股票回报,无法使用巴苏模型计量稳健性。鲍尔和希弗库马认为具有稳健性的消息中,确认损益比确认收益更及时,应计项目使得现金流体现在时间序列上,同时减少了负相关现金流中的噪音,因此,应计项目与负经营现金流之间呈较强的正向关系。鲍尔和希弗库马模型有效避免股票价格中的噪音对稳健性计量的影响,并且扩大了会计稳健性的检验范围,得到了较为广泛的应用。下面简单介绍该模型:

$$ACC_{i,t} = \beta_0 + \beta_1 DCFO_{i,t} + \beta_2 CFO_{i,t} \qquad (1-2)$$
$$+ \beta_3 DCFO_{i,t} * CFO_{i,t} + \sigma_{i,t}$$

$ACC_{i,t}$ 表示经过期初总资产平减(deflated)后的应计项目,$CFO_{i,t}$ 表示经过期初总资产平减后的经营活动现金净流量,$DCFO_{i,t}$ 是虚拟变量,当 $CFO_{i,t} > 0$ 时取值为 0,当 $CFO_{i,t} < 0$ 时取值为 1。鲍尔和希弗库马模型采用经营活动现金流量表示"好消息"和"坏消息",经营活动现金流量为正时表示"好消息",经营活动现金流量为负则表示"坏消息"。由于应计项目与当期经营活动现金净流量呈负相关关系,因此该模型中度量应计项目与正的经营活动现金流量关系的 β_2 以及度量应计项目与负的经营活动现金流量关系的 $(\beta_2 + \beta_3)$ 都应该是负值,在会计信息稳健的情况下,经济利得会在实现之后再进行确认,经济损失

在未实现之前就得到确认,这种不对称确认会使当期经营活动现金流量为负的情况下,应计项目与经营活动之间表现出更强的正相关关系。此时,模型中的 β_3 会显著大于零。

五、C-Score 模型

2009 年 M.卡汉(M.Khan)和沃茨为了解决巴苏模型无法分公司分年度衡量稳健性的问题,选取了账面市值比率、企业规模和资产负债率作为企业投资机会的替代变量,在巴苏模型的基础上建立相应线性函数来衡量不同公司不同年度稳健性的指标 C-Score。

第五节 我国会计稳健性制度的发展

我国会计稳健性的发展大概分为三个阶段:无会计稳健性阶段(1949—1978 年)、逐步引入会计稳健性阶段(1978—2006 年)、适度弱化阶段(2007 年至今)。

中华人民共和国成立之后,我国先是学习并模仿苏联建立了统一会计制度,直至 1959 年,我国的会计制度才开始全面恢复。从中华人民共和国成立到 1978 年,我国一直实行计划经济体制。这时的会计制度主要强调的是"数字真实、计算准确、内容完整",会计主要起到记录的作用,不需要会计判断,因此,制度里没有会计稳健性的内容。1978 年,我国开始实行改革开放,我国的经济体制也从计划经济向市场经济转变。1985 年我国开始实施《中外合资企业会计制度》,其中首次引入了会计稳健性原则。1992 年,我国颁布了《股份制试点企业会计制度》。1998
年 1 月 27 日,财政部颁布了《股份有限公司会计制度——会计
科目和会计报表》*。这两项制度深化了会计稳健性原则的运
用。2001 年财政部颁布了《企业会计制度》**,这一制度使我国
更加积极地贯彻国际通行的稳健性原则,深化了会计稳健性在
我国的应用。2006 年 2 月 15 日,财政部颁布了《企业会计准
则——基本准则》和 38 项具体准则,并规定上市企业自 2007 年
1 月 1 日起开始实行。新会计准则中诸如"资产减值损失一经确
认,在以后会计期间不得转回"等内容及公允价值计量属性的引
入,弱化了会计稳健性原则。

注 释

[1] J.H.Bliss, 1924. *Management Through Accounts*. New York, NY: The Ronald Press Co.

[2] Eric Lous Kohler, 1952. *Dictionary for Accountants*.

[3] G.A.Feltham and J.A.Ohlson, 1995. Valuation and Clean Surplus Accounting for Operating and Financial Activities. *Contemporary Accounting Research* 11(2):689~731.

[4] S.Basu, 1997. The Conservatism Principle and the Asymmetric Timeliness of Earnings. *Journal of Accounting and Economics* 24(1):3~37.

[5] S.Ryan, 2006. Identifying Conditional Conservatism. *European Accounting Review* 15: 511~525.

[6] D.Givoly and C.Hayn, 2000. The Changing Time-Series Properties of Earnings, Cash

---

　* 该制度要求股份有限公司在短期投资、应收账款(包括其他应收款)、存货和长期投资发生减值时计提短期投资跌价准备、坏账准备、存货跌价准备和长期投资减值准备,即所谓"四项减值准备"。

　** 在该准则中,上市公司计提减值准备的资产范围进一步扩大,由原来的四项减值准备增加到八项减值准备,即增加了对委托贷款、固定资产、在建工程和无形资产四项资产计提减值准备。

Flows and Accruals: Has Financial Reporting Become More Conservatism? *Journal of Accounting and Economics* 29:287~320.

[7] J.Pae, D.B.Thornton, and M.Welker, 2005. The Link Between Earnings Conservatism and the Price-to-Book Ratio. *Contemporary Accounting Research* 22(3):693~717.

[8] S.Roychowdhury and R.L.Watts, 2007. Asymmetric Timeliness of Earnings, Market-to-Book and Conservatism in Financial Reporting. *Journal of Accounting and Economics* 44:2~31.

[9] R.L.Watts, 2003. Conservatism in Accounting, Part Ⅰ: Explanations and Implications. *Accounting Horizons* 17(3):207~221.

第二章　相关性、可靠性和盈余有用性

　　20世纪70年代美国注册会计师协会出资成立的特鲁布拉德委员会(Trueblood)在对财务会计信息使用者进行了大量的实证调查研究后提出了决策有用观。根据美国会计学会发表的《基本会计理论报告》，财务会计的目标是为了"作出关于利用有限资源的决策，包括确定重要的决策领域以及确定目的和目标"而提供有关的信息。1978年，美国财务会计准则委员会在其发表的《财务会计概念报告》[1]中，对财务报表的目标作了更为具体的阐述：(1)财务报告应能够提供对现在和可能的投资者、债权人以及其他使用者作出合理的投资、信贷以及类似决策有用的信息；(2)财务报告应该能够提供有助于现在和可能的投资者、债权人以及其他使用者评估来自销售、偿付到期证券或借款等的实得收入的金额、时间分布和不确定的信息；(3)财务报告应能够提供关于企业的经济资源、对这些经济资源的要求权以及使资源和对这些资源要求权发生变动的交易、事项和情况影响的信息。在决策有用观下，会计的目标应该是能够向信息使用者提供决策有用的信息，不但向资源委托者，而且还包括债权人、政府等和企业有密切关系的信息使用者提供决策有用的信息。这些都强调会计信息要对决策有用。另外，会计信息相关性和可靠性在美国财务会计准则委员会 1980 年颁布的《会计信息质量特征》中作为决策有用观下的首要质量特征。*本章在后面内容中对会计信息的相关性、可靠性等内容进行了详细的阐述。

第一节　会计信息的相关性

会计信息的相关性的最早提出者是美国会计学会（AAA：American Accounting Association），美国会计学会在 1966 年发布了《试论会计基本理论》的研究报告。其中明确指出："相关性是指会计信息必须与为达到特定的或理想的结果而采取的行动有关。"

美国财务会计准则委员会在 SFAC No.2 中给相关性下的定义是：为了实现对投资者、债权人和其他使用者的决策相关性，会计信息必须有助于会计信息使用者产生对过去、现在或者未来事件情况的预测，或者证实或修正之前的预期从而做出不同的决策。由此可见，美国财务会计准则委员会认为，会计信息的相关性应具备预测价值（Predictive Value）、反馈价值（Feedback Value）、及时性（Timeliness）。

---

*　"决策有用观"和"受托责任观"是 20 世纪 70 年代到 80 年代会计理论界对会计目标形成的两种不同观点。决策有用观认为，会计目标就是向会计信息的使用者（包括现有的和潜在的投资者和信贷者以及企业管理当局和政府等）提供对他们决策有用的信息，而对决策有用的信息主要是关于企业现金流动的信息和关于经营业绩及资源变动的信息。财务报告应主要反映现时的信息，即更强调信息的相关性。受托责任观认为，会计目标就是向资源所有者（股东）如实反映资源的受托者（企业管理者）对受托资源的管理和使用情况，财务报告应主要反映企业历史的客观的信息，即强调信息的可靠性。

国际会计准则委员会对相关性的定义：信息能够帮助使用者评估过去、现在或未来事项，或通过证实或修正过去的评估，从而影响使用者的决策，则该信息就具有相关性。对于相关性，国际会计准则委员会做出了如下几点说明：

（1）信息的预测作用和确认作用是相互关联的。

（2）财务报告信息常常是预测未来的基础。但为了具有预测价值，信息不需要以精确地预测方式来列示。

（3）信息的相关性受到其性质和重要性的影响。在某些情况下，仅信息的性质就足以决定其相关性。

如果一项信息的遗漏或错报会影响以财务报告为依据的使用者的经济决策，则该信息就是重要的。重要性依赖于具体环境下的判断，它并没有一个统一的数量起点。

在我国《企业会计准则——基本准则》中，对相关性的定义："企业提供的会计信息应当与各报表信息使用者的经济决策需要相关，有利于会计信息使用者对企业过去、现在或将来的财务状况和经营成果做出评价和预测。"

综上所述，相关的会计信息应当具有预测价值、反馈价值和及时性。预测价值是指通过会计计量所得到的会计信息能够预见未来事项的可能情况，以帮助相关决策者作出合理预测，再根据预测的结果做出最佳决策。所以，预测价值是相关性的至关重要因素，它具有改变决策的能力。反馈价值是指一项信息能帮助决策者核实或重新确定过去决策时的预期结果，也就是把原来决策产生的真实结果反馈给相关决策者，将其与最初的预期结果进行对比，可以验证预期结果是否正确。及时性具体是指会计信息应当在失去影响相关决策的作用之前提供给决策者,信息如果只有及时性,不一定可以成为相关的信息,但如果不及时,有用的信息也一定会不相关,所以信息的提供要及时。这些内容从不同的角度阐述了满足会计信息相关性的基本要求。

在股票估值背景下预测能力能够改善决策有用性的假设促进了关于现金流量预测能力的研究。1997 年 M.基尔申海特尔(M.Kirschenheiter)认为相关性与经济环境和现金流入时间有关。[2]1996 年弗朗西丝和席佩尔指出财务信息如果包含估值模型中的变量或有助于预测这些变量的信息时就是具有价值相关性的。[3]他们指出价值相关性可以通过用 t 年盈余来预测 $t+1$ 年现金流量的能力来计量。2004 年 D.A.戴伊・科恩(D.A.Dey Cohen)和利斯也采用盈余预测现金流量的能力来计量盈余的质量。[4]

在本书中,会计信息相关性中的预测价值就是通过当期盈余对未来现金流量的预测能力来体现的。

第二节　会计信息的可靠性

美国财务会计准则委员会在 SFAC No.2 中给可靠性下的定义:"可靠性是指信息使用者可以信任其所提供的信息。"只有当会计信息真实地反映了其所打算反映的内容,不受错误或偏向的影响,尤其要做到不偏不倚地表述经济活动的过程和结果,避免倾向于预定的结果或某一特定利益集团的需要时,才能认为是可靠的。

美国财务会计准则委员会认为如实反映（Faithful Repre-sentation）、可验证性（Verifiability）和中立性（Neutrality）是可靠性的构成要素。

美国财务会计准则委员会在 SFAC No.2 中指出如实反映是指计量、描述的现象与想要反映的事实之间相符或一致。也就是说，如实反映要求会计信息与他所反映的经济现象是相符的。

美国财务会计准则委员会的前任准则制定机构——美国会计原则委员会在第四公告中首先提出可验证性的概念，它指出可验证性是指独立的计量者使用相同的计量方法能够得到相同的结果。会计计量的可验证性能够使计量者导致的偏见（Measurer Bias）和计量方法的固有偏见（Measurement Bias）最小化。

美国财务会计准则委员会在 SFAC No.2 对中立性的定义是会计信息的编制和呈报不偏向于某种预定的结果。中立性的运用包括两个层面：一个层面是会计准则的制定者在编制财务报告时应遵守中立性；另一个层面是企业会计人员在运用会计准则编制财务报告时应遵守中立性。这就要求会计人员在提供会计信息时，要不偏不倚，不受主观因素影响。

国际会计准则委员会认为当没有重要差错或偏向并能如实反映其所拟反映或理当反映的情况并能供使用者作决策依据时，信息就具备了可靠性。

我国 2006 年 2 月 15 日颁布的《企业会计准则——基本准则》指出："企业应当以实际发生的交易或事项为依据进行会计确认、计量和报告，如实反映符合确认和计量要求的各项会计要素及其他相关信息，保证会计信息真实可靠，内容完整。"

可靠性的上述定义表明它是一个复杂且难以捉摸的概念，因此它在会计准则、会计实务及学术研究中很难被明确指出。因此，研究者通常用间接的方法去研究可靠性。

1997 年基尔申海特尔指出可靠性有时意味着会计信息的有用性，一般来说，当会计信息使用者对会计信息拥有更多的信任和信心时，这个计量就是更可靠的。他把可靠性看作是估计过程的函数并且以估计的精确度来计量。

2005 年 S.理查森（S.Richardson）、R.斯隆（R.Sloan）、M.苏莱曼（M.Soliman）、L.I.图那（L.I.Tuna）认为可靠性的定义是应计可靠性和盈余持续性之间的纽带，他们觉得盈余持续性可以作为可靠性的代理变量。[5]因为会计应计中估计误差会导致盈余计量过程中存在潜在错误，从而降低当期盈余和未来盈余之间的相关程度，即当期盈余中计量误差的量级越大，当期盈余与未来盈余之间的相关程度越低，盈余持续性就越低。

本书借用 2010 年班迪欧费叶、陈、黄、扎的方法[6]，用当期盈余预测未来盈余的能力对可靠性进行了计量。

相关性和可靠性是会计信息两个最重要的质量要求。会计信息只有同时具有较高的相关性和可靠性，才会拥有较高的质量。会计信息的相关性和可靠性具有统一性。会计信息如果不具备可靠性中的真实性、可验证性、中立性，就会失去会计信息的预测价值和反馈价值，就不能为会计信息使用者提供对决策有用的信息，会计信息就不具有相关性。另外，会计信息还要在具有可靠性的基础上满足相关性，会计信息如果不与决策相关的话，再真实可靠也是没有用的。

但是，会计信息在两种质量特征中呈现的程度可能不同。

会计信息的可靠性和相关性很难兼得。相关性和可靠性的要求不同,可靠性要求会计信息能够如实反映客观情况,是面向过去的会计信息质量特征,不能采用主观判断,而相关性要求与决策相关,是面向未来的会计信息质量特征,因为决策时需要对于一些不确定的事情进行预测,因此就要进行主观判断,这些主观判断及相关性中的预测性要求很可能就会使会计信息的可靠性降低。另外,可靠性要求会计信息是真实反映的,相关性要求会计信息是及时提供的,因为如果会计信息提供得不及时,就可能破坏其有用性。会计信息真实性的保障需要耗费一些时间从而不能具备及时性,此时的会计信息虽然具有较高的可靠性,但是很可能就丧失了其相关性。总而言之,可靠性忽略信息的预测性和及时性,会削弱相关性。两者之间此消彼长的权衡关系在会计中早已被确认*,而且在近年来变得更加重要,因为企业提供具有不同程度相关性和可靠性会计信息的情况在不断增加**。

2003 年席佩尔和 L.文森特(L. Vincent)[7] 提出相关性和可靠性会影响市场对盈余的反应,相关性和可靠性之间存在一种此消彼长的关系,具有高相关性的盈余信息可能存在低可靠性的问题。席佩尔和文森特还认为,两者的效果在实证研究中很难区分。

综上所述,会计信息的相关性和可靠性之间存在辩证统一

---

* 美国财务会计准则委员会在 SFAC No.2 中就指出:"相关性和可靠性经常会对对方造成冲击,当为了提高相关性而改变会计处理方法时,可靠性可能就得到损害。"

** 2007 年 R.戴伊(R.Dye)和 S.斯里达尔(S.Sridhar)认为,如何解决相关性和可靠性之间此消彼长的问题是财务会计中的基本问题之一。

的关系,两者的地位都很重要,但两者之间又存在着矛盾。在具体的会计工作中,到底是要追求会计信息的可靠性还是相关性,就成为一个问题。而稳健性在两者的权衡中,扮演着怎样的角色,就是本书要研究的问题。

第三节　盈余有用性

会计信息的有用性,尤其是盈余有用性是会计准则制定者和学术研究者长期以来关心的话题。*

盈余在会计上是指来自企业期间交易的已实现收入与相应费用之间的差额。它是按会计准则的要求,以权责发生制为基础,对实际经济活动进行确认、计量、记录和报告而得出的反映企业当期经营成果的指标。

盈余质量早在20世纪30年代就被提出,随后得到了学者们的不断扩展。到了六七十年代,由于价值投资理论以及决策有用观的兴起,强调对上市公司基本面的理性分析,盈余质量开始受到重视。2002年,美国会计学会将盈余质量定义为"随着时间流逝,由应计制所确认的收益数额与公司流入的现金数额的符合程度"。当代会计主流从信息观、计价观和契约观的角度,对盈余质量的内涵有着不同的理解。

比弗最先对信息观进行了系统地阐述。信息观认为在市场不完全和充满不确定性的现实经济世界中,任何会计程序和方

---

* 鲍尔和布朗认为股票价格随利润表的发布而得到修正可以说明利润表中的信息是有用的。

法都不可能得到企业的"真实收益",会计信息的功用是向投资者传递某种有助于判断和估计经济收益的"信号"而不是经济收益本身。基于这个理论,如果会计信息的确具有"信号"作用,那么投资者必然在投资决策中做出反映。因此,在信息观下,研究者们通常采用事项研究法来探究会计信息的信号功能及特征,进行会计信息的信息含量研究,也就是说通过观察投资者在收到这种信号前后,股票价格的概率分布的变化(均值变化、方差变化)来研究会计信息是否会对股票价格产生影响。20 世纪 70年代左右,鲍尔和布朗采用事项研究法首次对公司年度报告盈余信息与股票价格之间的关系进行了实证分析,证实了公司披露的盈余数字的确对股票价格产生影响。信息观下的研究重点在于检验会计信息与股票价格之间是否存在关系,而不考虑会计信息是如何作用于股价这一问题。

　　计价观提出会计信息的根本作用是决定了公司的内在价值。计价观在历史上出现过两次。一次是信息观以前的古典计价观,一次是当代计价观。持古典计价观的学者认为会计应该能够准确地计量企业的每一项资产、负债和权益,从而得到企业的"真实收益"。20 世纪 60 年代后期,信息观批判了古典计价观的理论,认为古典计价观是建立在完全市场、完善市场和不存在不确定性的假设基础上的,与现实世界相差甚远,古典计价观由此开始没落。20 世纪 80 年代末 90 年代初,研究者们发现股票价格不仅反映了相关信息,还反映了噪音交易者的噪音,出现了许多诸如股票市场过度反应、周期效应等异常现象,这促使研究者开始重视股票内在价值的问题,把研究兴趣转移到股票价值的计量模型上。奥尔森通过残余收益模型,把股票价格和股东权益、未来盈余等会计信息联系起来。而 Feltham-Ohlson 的收益动态估价模型将净资产账面价值和盈余引入模型，并且该模型中会计信息不再是传递信号的载体，而是作为股票价格的直接估价变量。Feltham-Ohlson 收益动态估价模型被会计学界视为"信息观"向"计价观"转变的重要转折点，并使计价观重新成为一个与信息观相并列、补充和对照的理论。与古典计价观相比，当代计价观更注重会计信息是如何影响资产价值这一问题，它通过设计模型来说明会计信息是如何影响股票价值的，并且赋予了会计信息与股票价值之间的直接联系。

信息观和计价观是研究会计信息在资本市场上的功用的两大重要理论，它们都是基于有效市场假说 * 而形成的。信息观和计价观研究的对象都是会计信息和股票价格，但是研究的角度不同。在信息观下，会计信息通过传递信号对股票价格产生影响；而在计价观下，会计信息和股票价格之间通过计量模型建立联系，反映了会计信息如何体现股票价格变动。

契约观认为会计信息不只是企业行为的结果，还是以资源配置、管理层报酬、债务重组为基础进行计量的，管理层在制定其经营、投资、财务决策及改变会计处理方法时都会对会计信息效果加以考虑。契约观对会计信息（盈余信息）的理解是对信息观和计价观一个非常必要的补充。

---

* 1970 年，法马(Fama)第一次提出了有效市场假说，按照证券价格对市场信息的反映程度的高低对资本市场分成了三类：(1)弱式有效市场。如果现行证券价格能够充分反映历史上一系列交易价格和交易量中所隐含的信息，则证券市场被认为是弱式有效的。(2)半强式有效市场。如果现行证券价格充分反映了所有的公开信息，包括现在和过去与证券价格有关的信息，则证券市场被认为是半强式有效的。(3)强式有效市场。如果现行证券价格充分反映了有关股市行情变动的全部信息，包括所有的公开信息和内部信息，则证券市场被认为是强式有效的。

注　释

[1] Financial Accounting Standards Board, 1978. Statement of financial accounting concepts No.1: Objectives of financial reporting by business enterprises.

[2] M.Kirschenheiter, 1997. Information Quality and Correlated Signals, *Journal of Accounting Research* 35(Spring):43~59.

[3] J.Francis and K.Schipper, 1996. Have Financial Statements Lost Their Relevance? *Journal of Accounting Research* 37(2):319~352.

[4] D.A.Dey Cohen and T.Z.Lys, 2004. Trends in Earnings Management and Informativeness of Earnings Announcements in the Pre- and Post-Sarbanes Oxley Periods, Working paper, Northwestern University.

[5] S.Richardson, R.Sloan, M.Soliman, and L.I.Tuna, 2005. Accrual Reliability, Earnings Persistence and Stock Prices. *Journal of Accounting and Economics* 39:437~485.

[6] S.P.Bandyopadhyay, C. L. Chen, A. G. Huang, and R. Jha, 2010. Accounting Conservatism and the Temporal Trends in Current Earnings' Ability to Predict Future Cash Flows versus Future Earnings: Evidence on the Trade-Off between Relevance and Reliability. *Contemporary Accounting Research* 27(2):413~460.

[7] K.Schipper and L.Vincent, 2003. Earnings Quality. *Accounting Horizons* 17:235~250.

第三章　新会计准则与会计信息质量

2006 年 2 月 15 日,财政部颁布了我国的新会计准则——1项基本准则和 38 项具体会计准则。这项新会计准则于 2007 年 1 月 1 日在所有上市公司全面施行。

新会计准则中包含很多能对会计信息的可靠性、相关性和稳健性产生影响的内容。

新会计准则对规范会计信息质量的标准进行了变革,实现了与国际财务报告准则《编报财务报表的框架》趋同。《企业会计准则——基本准则》在整个准则体系中起着统驭作用,属于准则的准则,它明确规定了会计信息的首要质量特征就是可靠性,要以实际发生的交易或者事项为依据进行会计确认、计量和报告,如实反映符合确认和计量要求的各项会计要素及其他相关信息,保证会计信息真实可靠,内容完整。

《企业会计准则——基本准则》第 6 条规定,财务会计报告的目标是向财务会计报告使用者提供与企业财务状况、经营成果和现金流量等有关的会计信息,反映企业管理层受托责任履行情况,有助于财务会计报告使用者作出经济决策。它突出了报告使用者对企业决策的有用性。

新会计准则中会计计量属性包括历史成本、重置成本、可变现净值、现值和公允价值*。公允价值的引入改变了以历史成本为计量属性的主导局面,是会计准则内容重大变化之一,它的采用对会计信息的稳健性、相关性、可靠性都有所影响。

第一节　公 允 价 值

对可以取得公允价值的资产采用公允价值计价是国际会计准则、美国及多数资本主义国家会计准则的普遍做法。公允价值的出现由来已久,最早提出"公允"概念的国家是英国。1844 年,英国《股份公司法》(Joint Stock Companies Act)[1]规定,公司的资产负债表必须"充分和公允"(full and fair)。1897年,英国《公司法》又规定对公司的财务情况要符合"真实与正确"(true and correct)。1948 年的英国《公司法》(Company Act)将其改为"真实和公允"(true and fair),要求公司在会计年度结束时,必须按照"真实与公允"的要求提供资产负债表来反映公司的财务状况,提供损益表披露会计年度中的利润和亏损。1967 年,英国《公司法》又明确要求审计师在审计报告中说明被审计单位的年度财务报告是否符合"真实与公允"的要求,虽然英国的《公司法》中没有对"真实与公允"给出明确的定义,但是"真实与公允"在《公司法》中被提出,说明其具有法律

---

*　公允价值的应用主要体现在《企业会计准则第 3 号——投资性房地产》、《企业会计准则第 5 号——生物资产》、《企业会计准则第 7 号——非货币性资产交换》、《企业会计准则第 10 号——企业年金基金》、《企业会计准则第 12 号——债务重组》和《企业会计准则第 22 号——金融工具确认和计量》等方面采用了公允价值的相关确认方式(相关内容见附录)。

效力。1989 年,英国的《公司法》指出,所有的财务报告都要依据公认的会计原则编制,这就确认了公认会计原则的法律地位,同时明确了法院裁定真实与公允的准则。英国会计准则委员会(ASB:Accounting Standards Board)在财务报告准则第 7 号《购买会计中的公允价值》(Financial Reporting Standards 7:Fair values in acquisition accounting)中认为,"公允价值,指熟悉情况的自愿双方在一项公平而非强迫或清算销售中,交换一项资产或负债的金额"。1994 年,英国公允价值定义为:熟悉情况的双方自愿在一项公平而非强迫或清算销售中,交换一项资产或负债的金额。

公允价值会计在美国会计准则和实务中的运用最早可追溯到 20 世纪 60 年代。1953 年美国会计程序委员会(Committee on Accounting Procedure,CAP)第 43 号《会计研究公告》(Accounting Research Bulletins,ARB)中已提出公允价值,但未进行具体解释。1963 年,美国注册会计师协会(AICPA:American Institute of Certified Public Accountants)在《审计程序说明第 33 号》(Statement on Auditing Procedure No.33)中对"陈报的公允"进行了解释:(1)遵循公认会计原则;(2)公开揭示;(3)一贯性;(4)可比性。1970 年,美国会计原则委员会提出了第四号公告(APB Statements No.4),将公允价值定义为:"包含货币价格的交易中收到资产时所支付的货币金额,(以及)在不包括货币或者货币要求权的转让中的交换价格的近似值。"虽然从当时的这个定义可以看出人们对公允价值的理解还比较简单和片面,但是这是早期对公允价值较为全面的定义。之后,美国多次对公允价值重新进行了定义。1976 年,美国财务会计准则委员会发布的《财务会计概念第 13 号》(Statement of Financial Accounting Concepts No.13)强调资产交易实际发生,公允价值是买卖双方达成的价格。1991 年,美国会计准则委员会在《财务会计准则公告第 107 号——金融工具公允价值的披露》(Statement of Financial Accounting Standards 107：Disclosures about Fair Value of Financial Instruments)中首次正式界定公允价值的定义为："在非强制非清算销售情况下的当前交易中,一项金融工具在自愿的、不关联的各方中进行交换的金额。如果该项工具的市场价格可以获得,披露的公允价值是该项工具的交易单位数量及其市场价格的乘积。"1996 年,美国财务会计准则委员会在财务会计准则公告第 125 号《金融资产的转让和服务以及负债清偿的会计处理》(Statement of Financial Accounting Standards 125：Accounting for Transfers and Servicing of Financial Assets and Extinguishments of Liabilities)中对财务会计准则公告第 107 号中公允价值的定义进行了修订："一项资产(或负债)的公允价值,是自愿的双方在当前交易(而不是被迫或清算销售)中据以购买(或承担)或销售(或清偿)资产(或负债)的金额。"公允价值的定义中引入了负债,公允价值的定义涉及的范围更加全面了。2000 年,美国财务会计准则委员会发布的第 7 号概念公告将公允价值定义为："在非强制非清算销售情况下的当前交易中,不关联的、自愿的各方之间在购买一项资产或产生一项负债时自愿支付的金额。"在这个公告中,公允价值第一次在概念框架中被列为计量属性。2004 年美国财务会计准则委员会又在《公允价值计量》(Fair Value Measurements)的征求意见稿中将公允价值定义为："在当前交易中,在熟悉情况、不关联、自愿的各方之间进行资产交换或债务清偿的价格。"此次特别强调了交易是在"熟悉情况"的各交易方中进行的,信息是对称的。2005 年,美国财务会计准则委员会在《公允价值计量》的准则草案中将公允价值定义修改为:"在资产或负债的参考市场上,市场参与者于当前交易中从资产中收到或因负债的转让而支付的价格。"2006 年,美国财务会计准则委员会在财务会计准则公告第 157 号《公允价值计量》中公允价值被明确定义为:"报告实体所在市场的参与者之间进行的有序交易中出售一项资产所收到的价格或转移一项负债所支出的价格。"这个准则中的公允价值定义将"有秩序的交易"解释为公平交易,也就是交易各方是平等的。2008 年 10 月 10 日,美国财务会计准则委员会在公开征集意见后正式发布《在不活跃市场下确定金融资产的公允价值》修订稿。该文件中仍然坚持公允价值定义,认为即使市场活动较少,也不应改变公允价值计量的目标,但公允价值应当反映正常交易。当相关市场可观察数据无法获得时,可以使用管理层关于未来现金流和折现率风险调整的假设。

1982 年,国际会计准则委员会将公允价值定义为:一项资产在熟悉情况、不关联、自愿的买方和卖方之间进行交换时的金额。1989 年,国际会计准则委员会公布的《财务报表编制框架》中,关于财务报表质量特征部分,特别讨论了"真实与公允",并认为财务报表应"真实与公允"地反映主体的财务状况、经营成果。1995 年,国际会计准则委员会在国际会计准则第 32 号《金融工具披露和列报》定义中指出:"公允价值是指在公平交易中,熟悉情况的当事人自愿据以进行资产交换或负债清偿的金额。"1997 年,国际会计准则委员会在发布的《金融资产和金融负债会计》的研究报告中指出:"所有金融工具均采用公允价值计量,即用现值技术计量未来现金流量的现值作为公允价值。"1998 年的美国财务会计准则第 133 号——《衍生工具和套期活动的会计处理》和 2000 年的美国财务会计准则委员会财务会计概念第 7 号公告《在会计计量中使用现金流量和现值》中对公允价值的定义均与 FAS125 中的相同。2000 年底,在国际会计准则委员会的金融工具联合工作组完成的金融工具综合准则征求意见稿《金融工具和类似项目准则草案和结论基础》中,对公允价值的进一步表述为:"公允价值是企业在计量日由正常营业报酬驱使的正常交易中销售资产将收到的或解除负债将付出的估计价格。"2003 年,国际会计准则委员会在新修订的国际会计准则第 39 号《金融工具:确认与计量》等一系列准则中对公允价值的定义仍同于国际会计准则第 32 号中的定义。2009 年,国际会计准则委员会新出台了《公允价值计量》征求意见稿,其中对公允价值的定义:市场交易者在计量日的有序交易中,销售资产收到的价格或转移负债支付的价格。加拿大特许会计师协会(CICA:Chartered Accountants of Canada)在 1996 年将公允价值定义为:公允价值指没有受到强制的、熟悉情况的自愿双方,在一项公平交易中商定的对价的金额。澳大利亚会计准则委员会(AASB:Australian Accounting Standards Board)的定义与国际会计准则委员会的定义的表述基本一致。

　　我国正式使用公允价值概念是在 1994 年以后。1994 年 7 月,财政部会计事务管理司编译的会计准则丛书《国际会计准则》[2]有关章节中,将"Fair Value"译为"公正价值"。借鉴1995年发布的 IAS32,我国在 1998 年颁布的《企业会计准则——债务重组》中,将公允价值定义为:"公允价值,指在公平交易中,熟悉情况的交易双方,自愿进行资产交换或债务清偿的金额。这标志着我国在会计计量中首次引入了公允价值概念。"在2001 年修订前的《企业会计准则——债务重组》、《企业会计准则——非货币性交易》和《企业会计准则——投资》等准则中,对公允价值都有直接的运用。但是由于会计舞弊事件的不断发生,财政部于 2001 年修订企业会计准则,取消了公允价值在上述三项准则中的使用,改按账面价值入账。2006 年 2 月15 日,我国财政部发布了 1 项基本准则和 38 项具体准则,在新会计准则中重新采用了公允价值。在基本准则中明确将公允价值确定为与历史成本、重置成本、可变现净值和现值并列的计量属性,并在企业会计准则第 22 号《金融工具确认和计量》中,将公允价值定义为:"公允价值,是指在公平交易中,熟悉情况的交易双方自愿进行资产交换或者债务清偿的金额。公平交易中,交易双方应当是持续经营企业,不打算或不需要进行清算、重大缩减经营规模,或在不利条件下仍进行交易。"我国新会计准则的定义与国际会计准则做到了最大程度上的趋同。在具体准则中,涉及公允价值的条款见附录。

综上所述,公允价值的概念在数十年的发展过程中不断完善。尽管各国对公允价值的定义略有差异,但有几点内涵是相同的:

　　强调公平交易。在公允价值的后期定义中,都强调交易双方熟悉情况,并自愿进行。

　　强调当前时点。公允价值与历史价值不同,历史成本强调的是过去的价值。公允价值强调的是交易进行时的价值。

　　公允价值在有些情况下不能做到精确,需要进行估计。我国新会计准则在引进公允价值时指出,资产或负债等存在活跃市场*的,应当运用在活跃市场中的报价来确定其公允价值;不存在活跃市场的,参考熟悉情况并自愿交易的各方最近进行的市场交易中使用的价格,或参照实质上相同或相似的其他资产或负债等的市场价格确定其公允价值。在确定公允价值时,不同的资产或负债有不同的确定方式。例如有价证券按照当时的可变现净值**确定。应收账款及应收票据按将来可望收取的数额,以当时的实际利率折现的价值,减去估计的坏账损失及催收成本确定;完工产品和商品存货,按估计售价减去变现费用和合理的利润后的余额确定;在产品存货,按估计的完工后产品售价减去至完工时尚需发生的成本、变现费用以及合理的利润后的余额确定;原材料按现行重置成本***确

----

　　*　在国际会计准则中,"活跃市场"是指满足下列所有条件的市场:(1)市场中交易的项目是同质的(即市场中交易的所有项目都是一样的);(2)通常可以在任何时候找到自愿的买方和卖方;(3)价格公开。

　　**　可变现净值是指在日常活动中,以预计售价减去进一步加工成本和预计销售费用以及相关税费后的净值。在可变现净值计量下,资产按照其正常对外销售所能收到现金或者现金等价物的金额扣减该资产至完工时估计将要发生的成本、估计的销售费用以及相关税费后的金额计量。

　　***　重置成本是指企业重新取得与其所拥有的某项资产相同或与其功能相当的资产需要支付的现金或现金等价物。

定等等*，这些内容都体现了公允价值具有估计性。

通过上述公允价值的定义及特点可以发现，公允价值是发生在公平交易中的，此时，资产(负债)的买入(发生)或出售都是在双方自愿的交易中发生的，而不是出于被迫或清算。因此，公允价值计量属性减少了信息的不对称性，从而使会计稳健性也会有所降低，因为信息不对称和会计稳健性是正相关的，2008年R.拉丰(R.LaFond)和沃茨的研究证实了这一点。[3]

基本准则第四十三条中明确指出采用重置成本、可变现净值、现值、公允价值计量的，应当保证所确定的会计要素金额能够取得并可靠计量。在有关具体准则中，对采用公允价值计量的，都有明确规定的限制条件。如在非货币性资产交换中对于公允价值的运用，新会计准则规定了按照非货币性资产交换处理的两个前提条件，即该项交换是否具有商业实质，交易各方之

---

* 固定资产要分不同情况进行处理：对尚可继续使用的固定资产，按同类生产能力的固定资产的现行重置成本计价，除非预计将来使用这些资产会对购买企业产生较低的价值；对于将要出售，或持有一段时间(但未使用)后再出售的固定资产，可按可变现净值计价；对于暂使用一段时间、然后出售的固定资产，在确认将来使用期的折旧后，按可变现净值计价；对专利权、商标权、租赁权、土地使用权等可辨认无形资产按评估值计价，商誉按购买企业的投资成本与所确认的公允价值之间的差额确定；其他资产，如自然资源、不能上市交易的长期投资按评估价值确定；应收账款、应付票据、长期借款等负债，按未来需支付数额采用当时利率折现所得的金额确定；或有事项和约定义务，如不利的租赁协议所引起的付款、合同对企业的约束以及行将发生的固定资产清理费用等，都应加以充分的估计，并按预计支付的数额以当时的实际利率折现的现值计价。只要某项可辨认资产和负债是被并企业的，都需对其确定公允价值，如企业的研究开发成本、行动计划成本、开发某配方成本等等；存在活跃市场的金融资产，活跃市场中的报价应当用于确定其公允价值。活跃市场中的报价是指发于定期从交易所、经纪商、行业协会、定价服务机构等获得的价格，且代表了在正常交易中实际发生的市场交易的价格；金融资产不存在活跃市场的，企业应当采用估值技术确定其公允价值。采用估值技术得出的结果，应当反映估值日在正常交易中可能采用的交易价格。估值技术包括参考熟悉情况并自愿交易的各方进行的市场交易中使用的价格、参照实质上相同的其他金融资产的当前公允价值、现金流量折现法和期权定价模型等。企业应当选择市场参与者普遍认同，且被以往市场实际交易价格验证具有可靠性的估值技术确定金融工具的公允价值。

间是否存在关联方关系。再如，新会计准则规定投资性房地产的后续计量中，应按成本模式进行，如果有确凿证据表明，其公允价值能够可靠取得，也可以采用公允价值模式进行计量。这些前提条件，可以有效制约以公允价值计量方式操纵收益的行为。

但"公允价值"的实质是基于主观判断的定性因素大于具有量化标准的定量因素。公允价值由于在很多情况下不能够直接取得，需要通过估计来获得，在现实中价值波动性较大，并且在当时市场经济不够完善的情况下，很难准确找到合理的现时价值，往往不能做到真正的"公允"。另外，公允价值计量属性的引入，增加了会计处理的自由度。公允价值实际操作过程中，很可能会成为企业操纵利润的手段，从而使会计信息丧失可靠性和稳健性，进而对会计信息的相关性也会产生一定的影响。在会计和法律制度比较完善的美国、欧洲和香港地区，都发生过因滥用公允价值而引起的会计丑闻。在法律规范和道德约束欠缺的条件下，会计信息很可能会产生漏洞。

例如《企业会计准则第 12 号——债务重组》第八条规定："对于债务人而言，发生债务重组时，应当将重组债务的账面价值超过抵债资产的公允价值、所转股份的公允价值或者重组后债务账面价值之间的差额，确认为债务重组利得计入营业外收入"，即新会计准则允许企业确认债务重组损益。而在原会计准则中，债务账面价值之间的差额应该确认为资本公积。

《企业会计准第 7 号——非货币性资产交换》第三条规定："换入资产或换出资产公允价值能够可靠计量的，应当以换出资产的公允价值作为确定换入资产成本的基础，但有确凿证据表明换入资产的公允价值更加可靠的除外。"而旧会计准则规定应以换出资产的账面价值确认换出资产的账面价值。债务重组和非货币性交易这两个会计准则的修订集中体现了公允价值的计量属性的应用。公允价值在 1998 年出现于"非货币性交易"、"债务重组"等具体会计准则中,这导致很多公司滥用公允价值操纵利润,所以,2001 年修订的《债务重组》会计准则不允许债务人将债权人的让步确认为重组收益,《非货币性交易》也规定以换出资产的账面价值来确认换入资产的账面价值。新会计准则中的债务重组交易将以公允价值计量并允许债务人确认重组收益、非货币性交易中以公允价值确认换入资产并确认置换收益等。《债务重组》会计准则规定,以下四种情况的债务重组都可以确认为收益:

(1) 债务人重组债务的账面价值与实际支付现金之间的差额,确认为债务重组都可以确认收益。

(2) 债务人以非现金资产清偿债务的,将重组债务账面价值与转让的非现金资产公允价值之间的差额,确认为债务重组利得,计入当期损益。

(3) 当债务转为资本,重组债务的账面价值与股份的公允价值总额之间有差额,也可以产生损益。

(4) 修改其他债务条件,使得重组债务的前后入账价值之间存在差额,也可产生损益。

上市公司的控股股东很可能会在公司出现亏损的情况下,或者出于维持公司业绩或者配股的需要,通过债务重组确认重组收益或者与上市公司以优质资产换劣质资产的非货币性交易,来改变上市公司的当期损益。此外,公允价值的确认也可以成为操纵利润的手段。

第二节　提高稳健性的会计准则变化

新会计准则中除了引入公允价值之外,还有以下会对会计信息的稳健性产生影响的内容。其中,能够提高稳健性的变化有:存货准则、企业合并准则、企业合并报表准则、关联方披露准则、"待处理财产损益"处理的变化及资产减值损失准则的变化等。

一、存货发出计价,取消"后进先出法"

《企业会计准则第 1 号——存货》准则第十四条规定企业应当采用先进先出法、加权平均法或者个别计价法确定发出存货的实际成本,与原会计准则相比,新会计准则取消了后进先出法。所谓"后进先出法"就是企业在核算耗用存货成本的时候,参考的是最近购入的原材料的价格。而"先进先出法"则是参考的最早购入的原材料存货的价格。这一方法的改变,对于那些存货量较大,存货周转率较低的上市公司来说,当期利润和原来相比会有较大的改变。具体体现在存货的价格波动上,当存货价格处于上涨时期,采用后进先出法,将使当期成本上升,减少当期利润。若采用先进先出法,将使当期成本下降,增加当期利润。若存货价格处于下降时期,则正好相反。这项准则变动将使得企业无法再将变更存货计价方法作为利润调节手段,并且由于存货价格处于上升时期的情况比较普遍,所以,"后进先出法"的取消,可以加强会计信息的稳健性。

二、企业合并准则

《企业会计准则第2号——长期股权投资》第三条规定:企业合并形成的长期股权投资,应当按照下列规定确定其初始投资成本:(一)同一控制下的企业合并中,合并方以支付现金、转让非现金资产或承担债务方式作为合并对价的,应当在合并日按照取得被合并方所有者权益账面价值的份额作为长期股权投资的初始投资成本、长期股权投资初始投资成本与支付的现金、转让的非现金资产以及所承担债务账面价值之间的差额,应当调整资本公积;资本公积不足冲减的,调整留存收益。合并方以发行权益性证券作为合并对价的,应当在合并日按照取得被合并方所有者权益账面价值的份额作为长期股权投资的初始投资成本。按照发行股份的面值总额作为股本,长期股权投资初始投资成本与所发行股份面值总额之间的差额,应当调整资本公积;资本公积不足冲减的,调整留存收益。(二)非同一控制下的企业合并中,购买方在购买日应当以按照《企业会计准则第20号——企业合并》确定的合并成本作为长期股权投资的初始投资成本。《企业会计准则第20号——企业合并》第十一条:购买方应当区别下列情况计量合并成本:(一)一次交换交易实现的企业合并,合并成本为购买方在购买日为取得对被购买方的控制权而付出的资产、发生或承担的负债以及发行的权益性证券的公允价值。(二)通过多次交换交易分步实现的企业合并,合并成本为每一单项交易成本之和。(三)购买方为进行企业合并发生的各项直接相关费用也应当计入企业合并成本。(四)在合并合同或协议中对可能影响合并成本的未来事项作出约定的,购买日如果估计未来事项很可能发生并且对合并成本的影响金额能够可靠计量的,购买方应当将其计入合并成本。

新的合并准则与国际会计准则存在实质性差异。在国际会计准则 IAS3 中,只讨论了非同一控制下的企业合并,没有涉及同一控制下的企业合并。而我国的实际状况是既存在非同一控制下的企业合并,又存在同一控制下的企业合并,且后者占主导地位,因此我国新准则对两种情况的合并都做了规定。新准则对同一控制下企业合并的会计处理做了新的规定,要求合并方在企业合并中取得的资产和负债,应当按照合并日被合并方的账面价值计量,放弃使用公允价值。这主要是针对目前中国企业的合并大部分是同一控制下的企业合并,合并对价形式上是按双方确认的公允价值确认,而实质上并非是真正的"公允价值"。新会计准则的颁布,将有效遏制同一控制下企业合并中个别企业滥用公允价值和合并日进而调节利润和所有者权益的行为。目前中国企业的合并大部分是同一控制下的企业合并,因此,虽然国际会计准则和美国会计准则已放弃权益结合法的使用,但我国仍在此问题上保持了中国特色。新的合并准则规范了企业盈余管理行为,可以提高会计信息的稳健性。

三、企业合并财务报表准则

《企业会计准则第 33 号——合并财务报表》第三条:合并财务报表至少应当包括下列组成部分:(一)合并资产负债表;(二)合并利润表;(三)合并所有者权益(或股东权益)变动表;(四)合并现金流量表;(五)附注。《企业会计准则第 33 号——合并财务报表》第六条:合并财务报表的合并范围应当以控制为基础加以确定。控制,是指一个企业能够决定另一个企业的财务和经营政策,并能据以从另一个企业的经营活动中获取利益的权力。《企业会计准则第 33 号——合并财务报表》第七条:母公司直接或通过子公司间接拥有被投资单位半数以上的表决权,表明母公司能够控制被投资单位,应当将该被投资单位认定为子公司,纳入合并财务报表的合并范围。但是,有证据表明母公司不能控制被投资单位的除外。《企业会计准则第 33 号——合并财务报表》第八条:母公司拥有被投资单位半数或以下的表决权,满足以下条件之一的,视为母公司能够控制被投资单位,应当将该被投资单位认定为子公司,纳入合并财务报表的合并范围;但是有证据表明母公司不能控制被投资单位的除外:(一)通过与被投资单位其他投资者之间的协议,拥有被投资单位半数以上的表决权;(二)根据公司章程或协议,有权决定被投资单位的财务和经营政策;(三)有权任免被投资单位的董事会或类似机构的多数成员;(四)在被投资单位的董事会或类似机构占多数表决权。

与旧准则相比,新准则规定了合并财务报表的种类不仅包括原会计准则中规定的合并资产负债表、合并利润表,而且还包括合并现金流量表、合并所有者权益变动表和附注三个部分,其中对合并现金流量表编制的规范填补了现行实务中的空白。新会计准则还扩大了合并报表范围,凡是母公司所能控制的子公司都纳入合并报表范围,而不是只以股权比例作为衡量标准,对合并报表的编制更注重实质性原则。这一规定可以阻断一些企业通过缩小持股比例,在合并报表中剔除经营状况不好的子公司从而粉饰企业集团整体业绩的行为,有助于提高会计信息的稳健性。

四、关联交易的变化

《企业会计准则第 36 号——关联方披露》第三条:一方控

制、共同控制另一方或对另一方施加重大影响,以及两方或两方以上同受一方控制、共同控制或重大影响的,构成关联方。《企业会计准则第 36 号——关联方披露》第四条:下列各方构成企业的关联方:(一)该企业的母公司。(二)该企业的子公司。(三)与该企业受同一母公司控制的其他企业。(四)对该企业实施共同控制的投资方。(五)对该企业施加重大影响的投资方。(六)该企业的合营企业。(七)该企业的联营企业。(八)该企业的主要投资者个人及与其关系密切的家庭成员。主要投资者个人,是指能够控制、共同控制一个企业或者对一个企业施加重大影响的个人投资者。(九)该企业或其母公司的关键管理人员及与其关系密切的家庭成员。关键管理人员,是指有权力并负责计划、指挥和控制企业活动的人员;与主要投资者个人或关键管理人员关系密切的家庭成员,是指在处理与企业的交易时可能影响该个人或受该个人影响的家庭成员。(十)该企业主要投资者个人、关键管理人员或与其关系密切的家庭成员控制、共同控制或施加重大影响的其他企业。新准则对关联方的定义做出了明确的扩展,包括了一系列对企业具有控制、共同控制和重大影响三大类。且无论是否发生关联方交易,存在控制关系的关联方企业都应当在报表附注中披露母子公司的关系,属多层投资控制的,关联关系及交易应披露到最底级企业。

《企业会计准则第 36 号——关联方披露》第九条:企业无论是否发生关联方交易,均应当在附注中披露与母公司、子公司有关的下列信息:(一)母公司和子公司的名称。母公司不是该企业最终控制方的,还应当披露最终控制方名称。母公司和最终控制方均不对外提供财务报表的,还应当披露母公司之上与其最相近的对外提供财务报表的母公司名称。(二)母公司和子公司的业务性质、注册地、注册资本(或实收资本、股本)及其变化。(三)母公司对该企业或者该企业对子公司的持股比例和表决权比例。《企业会计准则第 36 号——关联方交易》第十条:企业与关联方发生关联交易的,应当在附注中披露该关联方关系的性质、交易类型及其交易要素。披露的交易要素至少包括:(一)交易的金额。(二)未结算项目的金额、条款和条件,以及有关提供或取得担保的信息。(三)未结算应收项目的坏账准备金额。(四)定价政策。《企业会计准则第 36 号——关联方交易》第十一条:关联方交易应当分别关联方以及交易类型予以披露。类型相似的关联方交易,在不影响财务报表阅读者正确理解关联方交易对财务报表影响的情况下,可以合并披露。《企业会计准则第 36 号——关联方交易》第十二条:企业只有在提供确凿证据的情况下,才能披露关联方交易是公平交易。

　　新会计准则加大了对关联交易的披露。企业在利润操纵中往往倾向于利用缺乏公允性的关联交易,将利润从一方转移到另一方,从而达到操纵利润的目的。关于关联方交易,新会计准则取消金额或比例的披露选择,要求企业必须披露交易金额,重大交易必须同时披露交易金额和交易额占该类总交易额的比例,对未结算项目要求披露详细信息及金额,强调只有在提供充分证据的情况下,企业才能披露关联方交易是公平交易。新会计准则一方面加大了关联交易披露的范围和内容,另一方面将以往较为笼统的要求明确化和具体化,增强了关联交易的透明度。

五、"待处理财产损益"处理的变化

新会计准则规定,"待处理财产损失"在年末应转入当期损益,不得在年报中出现,使得通过"待处理财产损益"挂账进行利润操纵的方法失效。一些上市公司为了虚增资产或利润,通常是对那些超过使用期限而无生产经营能力的固定资产、滞销毁损的存货、3 年以上的应收账款、超过受益期限的待摊费用及长期待摊费用等不良资产不愿进行处理,使其长期挂账。但是,新会计准则对于企业的资产处理更加倾向于实质重于形式。在企业存货盘亏时,记入"待处理财产损益",由于它不是资产,现在已不在资产负债表上反映,在资产负债表日,一定要将其进行报批处理,计入管理费用。而对于存货的盘盈,视同前期会计差错,调未分配利润。固定资产处理雷同。采用新会计准则后,对于资产盘盈,就要及时地进行处理,不能进行挂账,这就避免了虚增资产或虚增利润。对于资产盘亏,不再会像以前影响当期损益,只会对未分配利润年初数产生影响。新会计准则中"待处理财产损益"处理上的变化,可以遏制企业通过"待处理财产损益"进行利润操纵,从而提高会计信息的稳健性。

六、资产减值损失准则

我国 2001 年颁布实施的《企业会计准则》规定,企业应当定期或者至少于每年年度终了,对各项资产进行全面检查,合理地预计各项资产可能发生的损失,对可能发生的各项资产损失计提资产减值准备。尽管企业已经普遍根据《企业会计准则》要求计提各项资产减值准备,但是由于准则对具体情况界定的不明晰,在计提具体内容上没有明确的计算程序,因此留给企业很大

的选择空间。企业在亏损会计期间通过转回前期所计提的资产减值准备,可以达到减少当期费用,增加当期利润的目的;在盈利会计期间,进行反向操纵,大幅计提减值准备,增加当期费用,降低当期利润,以便以后期间利润下降时再予以转回。

资产减值准备的计提直接计入当期损益,增加当期费用,减少资产,减少当期利润。如果少计或不计资产减值准备就会减少当期费用,增加资产,从而虚增当期利润。从实践运用来看,这种规定实际成为上市公司调节利润、粉饰报表的工具。

《企业会计准则第8号——资产减值》对普遍的资产减值确认、计量和披露做出了规定。所谓资产减值是指资产可收回金额低于其账面价值。这里的"资产"既包括单项资产,也包括资产组。所谓资产组,是指企业可以认定的最小资产组合,当固定资产、无形资产等难以单独产生现金流入时,这一最小资产组合产生的现金流入可以基本上独立于其他资产或者资产组产生的现金流入。《企业会计准则第8号——资产减值》还对企业资产减值迹象判断做出了明确的规定。一是明确"企业应当在会计期末对各项资产进行核查,判断资产是否有迹象表明可能发生了减值";二是明确"如不存在减值迹象,不应估计资产的可收回金额"。同时,第十七条规定"计提的资产减值损失一经确认,在以后会计期间不得转回"。按照新会计准则,长期股权投资减值准备、固定资产减值准备、在建工程减值准备和无形资产减值准备在计提后不能冲回,只能在处置相关资产后再进行会计处理。

在目前的八项减值准备项目中,坏账准备、存货跌价准备、短期投资和委托贷款的减值准备项目仍然可以冲回,但增加了一系列的限制条件。新会计准则要求公司在报送半年报和季报时都应披露是否存在资产减值,意味着上市公司在半年报、季报信息的披露中,应包括报告期内资产减值的金额,既方便投资者及时把握上市公司的资产状况,消除投资者与上市公司的信息不对称,又从一定程度上避免了原有准则对各项减值准备计提中的不完善。

在目前的减值准备项目中,对应收款项、持有至到期投资、贷款、可供出售金融资产债权投资等项目没有做冲回的限制性规定,因此减值准备的处理仍有调节空间,上市公司可能利用这些减值准备操纵利润。另外,资产减值准则中引入"资产组"和"资产未来现金流量的现值"的概念,划分资产组以及间接费用在资产组中分摊、预测单项资产或资产组未来的现金流量,折现率的选择能否真实反映未来的货币时间价值和资产的特有风险,都将是值得思考的问题。

综上所述,新会计准则资产减值损失方面的准则变化,使得利用减值准备调节利润的空间变得越来越小,可以增强会计信息的稳健性。

第三节　削弱稳健性的会计准则变化

下面是一些新会计准则中会损害会计信息稳健性的内容,包括无形资产研发费用资本化与无形资产摊销内容变化、固定资产折旧政策和估计变更、资本化范围扩大。

一、无形资产研发费用资本化与无形资产摊销内容变化

《企业会计准则第 6 号——无形资产》第七条规定："企业内部研究开发项目的支出，应当区分研究阶段支出与开发阶段支出。内部研究开发项目的研究阶段，是指为获取新的科学或技术知识并理解它们而进行的独创性的有计划调查。内部研究开发项目的开发阶段，是指在进行商业性生产或使用前，将研究成果或其他知识应用于某项计划或设计，以生产出新的或具有实质性改进的材料、装置、产品等。"第八条规定："企业内部研究开发项目研究阶段的支出，应当于发生时计入当期损益。"第九条规定："企业内部研究开发项目阶段的支出，能够证明下列各项时，应当确认为无形资产：（一）从技术上来讲，完成该无形资产以使其能够使用或出售具有可行性；（二）具有完成该无形资产并使用或出售的意图。"这一规定表明新会计准则允许无形资产开发阶段的支出予以资本化。第十七条规定："使用寿命有限的无形资产，其应摊销金额应当在使用寿命内系统合理摊销。企业选择的无形资产摊销方法，应当反映企业预期消耗该项无形资产所产生的未来经济利益的方式，无法可靠确定消耗方式的，应当采用直线法摊销。无形资产的摊销金额一般应当计入当期损益。"从上述内容中可以看出，首先，新会计准则虽然对无形资产的研究与开发费用进行了划分，但由于无形资产研发过程复杂，在实际工作中很难将研究阶段和开发阶段完全割裂开来。其次，原会计准则规定无形资产研发支出全部计入管理费用，而新会计准则中则允许开发阶段的支出予以资本化，计入无形资产。这种处理方法和以前全部计入管理费用的会计处理相比，大大降低了开发支出对企业当期利润的冲击。另外，企业对于

自行开发无形资产的费用到底是费用化还是资本化主要依靠会计人员的职业判断,会计处理方法存在一定的灵活性,这就使企业可以利用研发活动操纵利润。再次,新会计准则对无形资产的摊销不再仅仅局限于直线法,并且摊销年限也不再固定。因此,企业可以通过调节无形资产的摊销年限或方法来进行利润操纵。通过减少摊销年限和加速摊销来提高公司的业绩,或者以相反的手法来降低业绩,达到盈余管理的目的。这就可能使企业的会计信息的稳健性受到损害。

二、固定资产折旧政策和估计变更

《会计准则第 4 号——固定资产》第十九条规定:"企业至少应当于每年年度终了,对固定资产的使用寿命、预计净残值和折旧方法进行复核。使用寿命预计数与原先估计数有差异的,应当调整固定资产折旧年限。预计净残值预计数与原估计数有差异的,应当调整预计净残值。固定资产包含的经济利益预期实现方式有重大改变的,应当改变固定资产折旧方法。固定资产使用寿命,预计净残值和折旧方法的改变应当作为会计估计变更。"因此,上市公司只要找到证据证明其固定资产使用寿命与原估计有差异,就可以进行会计估计变更,对业绩进行调整,从而达到操纵利润的目的,而这会损害会计信息的质量。

三、资本化范围扩大

《会计准则第 17 号——借款费用》第四条规定:"符合资本化条件的资产,是指需要经过相当长时间的购建或者生产活动才能达到预定可使用或者可销售状态的固定资产、投资性房地产和存货等资产。"一方面,新会计准则在原会计准则的基础上增加了允许为生产周期比较长的资产所借入的款项所发生的利息资本化,计入存货价值,而不再直接计入当期损益。这为客观真实的计量和确认资产与费用等会计要素创造了条件,而且也是实质重于形式原则的具体运用,有利于提高会计信息的真实性和可靠性。另一方面,借款费用资本化范围扩大,为企业调节利润指引了一条新的道路,企业为了提高业绩,完全可以采取一定的手段使一般借款的利息支出符合计入存货价值的要求。如企业如果想提升业绩或扩大利息资本化范围,则可以采用一定的手段使专项借款之外的一般借款的利息支出符合计入资产的要求。另外,还可以将已完工的固定资产长期作为在建工程核算,这样既能延长了利息支出计入资产的时间,又能减少折旧的计提。如果企业想降低利润,隐藏业绩,则可以将符合资本化条件的一般借款利息非资本化,计入利息费用,减少利润总额。由此可见,企业可以通过调节利息费用资本化的范围进行利润调节,而这将损害企业会计信息的稳健性。

刘斌和徐先知在 2010 年检验了新会计准则对会计稳健性的影响。他们以 2005—2008 年的 A 股上市公司作为样本,考察了与国际会计准则趋同的新会计准则的制度效果,在采用修正巴苏模型确认新会计准则实行前后的稳健性后的检验结果表明,盈余稳健性在新会计准则实行之后有所下降。[4]

肖翔、王佳、杨程程在 2012 年以 2004—2009 年 A 股上市公司作为样本,考察了新会计准则的实行对盈余稳健性的影响。他们主要考察公允价值引入对会计稳健性的影响。他们发现在新会计准则实行之后,盈余稳健性仍然存在当且独立于利润操纵,但公允价值的引入使会计信息的稳健性下降。[5]

　　除了会计信息稳健性的变化,新会计准则还会对会计信息价值相关性产生影响。罗婷、薛健、张海燕在 2008 年考察了新会计准则对会计信息价值相关性的影响,他们发现会计信息的价值相关性在新会计准则实行之后,得到了改善,尤其是那些受准则影响的项目。他们还进一步分析了公允价值对那些受影响项目的贡献。他们发现非金融企业不使用公允价值进行计量的项目比起那些用公允价值计量的项目价值相关性低,但是对那些金融企业来说,两者之间没有差异。[6]

　　总之,2007 年 1 月 1 日实行的新会计准则不仅重新采用能够降低会计信息稳健性的公允价值计量属性,还推行了一系列能够影响会计信息稳健性的规定。而这些内容的变化,也很可能会对会计信息的相关性和可靠性以及盈余有用性产生影响。

注　释

[1] Parliament of the United Kingdom, 1844. Joint Stock Companies Act.

[2] 财政部会计事务管理司:《国际会计准则》,中国财政经济出版社 1993 年版。

[3] R. LaFond and R. L. Watts, 2008. The Information Role of Conservatism. *The Accounting Review* 83:447~478.

[4] 刘斌、徐先知:《新会计准则国际趋同的效果研究——基于盈余稳健性视角的分析》,《财经论丛》2010 年第 2 期,第 78—84 页。

[5] 肖翔、王佳、杨程程:《新会计准则下公允价值对会计稳健性的影响》,《北京交通大学学报》(社会科学版)2012 年第 1 期,第 59—64 页。

[6] 罗婷、薛健、张海燕:《解析新会计准则对会计信息价值相关性的影响》,《中国会计评论》2008 年第 2 期,第 129—140 页。

第四章　先　行　研　究

　　本书旨在研究会计稳健性与相关性及可靠性之间的关系,大多数先行研究中通常把价值相关性作为相关性与可靠性的联合检验。因此,本章对先行研究的介绍中涉及了价值相关性变化研究及会计信息稳健性与价值相关性之间关系研究的内容。本书还研究了相关性(可靠性)对盈余有用性的影响。在实证分析(主分析及敏感性分析)中,本书对可靠性的衡量运用了以当期盈余预测未来盈余的模型。关于盈余持续性与盈余有用性之间关系的研究,可以为本书可靠性与盈余有用性之间关系的研究提供理论依据。因此,本章的第三节对盈余持续性与盈余有用性之间关系的研究进行了阐述。

第一节　关于价值相关性变化的先行研究

　　1997 年科林斯、梅杜和韦斯采用奥尔森 1995 年提供的估值框架考察了盈余和账面价值的价值相关性的变化,把股票价格作为盈余和资本账面价值的函数。他们把 1953 年到 1993 年 41 年时间作为样本期间,进行了横截面回归,用 R^2 作为计量价值相关性的主要变量。他们把盈余和账面价值的合并阐释力为分为三个部分：(1)盈余的增量阐释力；(2)账面价值的增量阐释力；(3)盈余和账面价值的共同阐释力。他们得出了三个主要结论：(1)盈余和账面价值的合并价值相关性在这 40 年来稍有上升。(2)盈余最终结果的增量价值相关性下降时，被增长的账面价值的价值相关性所代替。(3)盈余和账面价值的价值相关性的转变大多可以用一次性项目增加显著，负盈余的增加频率，平均企业规模和无形资产的变化来解释。[1]

1999 年弗朗西丝和席佩尔检验了"财务会计信息的价值相关性随时间而下降"的说法。[2]他们用两种方法来衡量价值相关性：第一个价值相关性的计量值是可以从财务报表信息中获得的总收益。第二个价值相关性的计量值是基于市场价值计量值和会计信息之间三种同生关系——当期盈余解释市场调整报酬的能力、资产和负债解释市场股权价值的能力、账面价值和盈余解释市场股权价值的能力来计量的。他们使用的样本包括从 1952 年到 1994 年间可以从 CRSP 和 Compustat 数据库中得到的所有企业——年度观测值。他们的分析结果表明：除部分价值相关性计量值没有什么变化之外，大部分价值相关性计量值随时间推移而呈下降的趋势。他们还把高科技行业和低科技行业样本从总样本中分离出来进行了分析，并对两个样本的结果进行了比较，两个分样本的结果与总样本结果一致。

1999 年布朗、罗和利斯认为从考虑规模效果的回归分析中得到的 R^2 比没有考虑规模效果的回归分析中得到的 R^2 要高。[3]因此，他们在 1997 年科林斯，梅杜和韦斯的分析基础上，对控制规模效果后的结果进行了分析。他们开发了两个修正的研究方法：(1)他们在每一个样本期间里对规模因素变动的系数进行了估计，然后分析控制规模因素变动系数之后，不同样本的R^2的差异。(2)他们通过把每个观测值用规模因素进行了平减，从每个样本中移除规模效果，在使用1958—1996年间的数据之后，他们发现R^2显著降低。另外，他们的研究表明，在科林斯、梅杜和韦斯1997年的研究和弗朗西斯、席佩尔1999年的研究中部分R^2呈上升模式是由于规模效果的增加作用比潜在关系阐释力的下降作用强。

第二节　关于会计信息稳健性和价值相关性之间关系的先行研究

2001年巴拉钱德兰·苏德哈卡尔(Balachandran Sudhakar)和摩汗兰姆·帕尔萨(Mohanram Partha)检验了会计信息的稳健性趋势同会计盈余和账面价值的价值相关性之间关系的研究。[4]他们用两种方法对稳健性进行了计量：基于比弗和瑞安理论而使用的综合度量值——BR-CONS，以及斯蒂芬·H.佩恩曼(Stephen H.Penman)和张小军(Xiaojun Zhang)开发的用来评估在稳健地会计处理中能够观察到的账面价值中含有的下偏误差计量值——C-SCORE。他们对存在稳健性水平和趋势企业的价值相关性进行了检验。他们用三种方法计量价值相关性：以股票价格为因变量，以账面价值和盈余为自变量的回归中的修正R^2；以收益为因变量，以规模化后的盈余和盈余变动为自变量的回归中的修正R^2；市场调整预期报酬。他们没有发现一些稳健性程度高会使价值相关性下降的证据。换句话说,他们没有发现那些企业会计稳健性程度变高的企业与会计稳健性程度稳定的企业相比,价值相关性下降。他们发现价值相关性显著下降的企业的会计稳健性并没有提高。而且,他们为了控制稳健性效果,对资产负债表和利润表进行调整。他们发现调整后的财务报告的价值相关性变得更低,而价值相关性的趋势则没有受到影响。

2006 年威廉姆·D.布朗(William D. Brown),何海宏(Hai hong He),K.特伊特尔(K. Teitel)检验了不同国家会计盈余的条件稳健性、应计程度和价值相关性之间的关系。[5]他们用组合—收益方法计量每个国家会计盈余的价值相关性,即价值相关性能通过会计盈余的正确预见得到的收益来计量,每个国家的条件稳健性用鲍尔和希弗库马 2005 年提出的修正巴苏模型来计量。他们用市价对账面价值比率来计量非条件稳健性。他们发现应计程度高的国家,盈余的条件稳健性程度也较高,他们的价值相关性程度也更高。

2007 年崔佑硕(Wooseok Choi)通过考察背负银行贷款企业的利润表稳健情况检验了企业对银行的依赖性和利润表价值相关性之间的关系。[6]他用取自小企业的 3 992 个企业——年度观测值作为样本后发现,一个企业对银行的依赖性越高,企业利润表确认经济损失就越及时,当企业对银行的依赖性较高时,企业的拖欠风险就比较低,从而使利润表的价值相关性比较高。崔佑硕明确地指出企业与银行之间的关系对价值相关性的影响主要是由于该关系对利润表的稳健性有影响。

2009 年 D.S.詹金斯(D.S. Jenkins)、G.D.凯恩(G.D. Kane)、

U.威卢里(U.Velury)考察了稳健性是否随经济周期而不同,并对盈余的价值相关性伴随经济周期发生的变化进行了检验。[7]他们的稳健性计量值通过巴苏 1997 年采用的以年度盈余作为因变量的回归模型获取。他们还运用了彼得·D.伊斯顿(Peter D.Easton)、特雷弗·S.哈里斯(Trevor S.Harris)1991 年开发的盈余反应系数(ERC:Earnings Response Coefficient)模型。他们发现和通胀时期相比,紧缩时期的盈余更稳健。他们还发现盈余的价值相关性在紧缩时期比通胀时期程度更高。根据这些发现,他们认为盈余稳健时期,会计信息在评估企业价值方面对投资者来说更有用。

　　刘斌和吴娅玲 2010 年在公允价值视角下检验了会计稳健性对盈余相关性的影响。[8]他们以 2001 年至 2008 年的上市企业作为样本进行研究后发现会计稳健性会降低盈余的价值相关性,而公允价值会削弱稳健性对价值相关性的负面影响。他们的研究表明,稳健的会计政策并不意味着会计报告的质量高,公允价值和会计稳健的适度结合能够抵消会计稳健性的缺点,改善会计信息的质量。

第三节　关于盈余持续性和盈余稳健性 之间关系的先行研究

　　2004 年 D.C.尼科尔斯(D.C.Nichols)、J.M.瓦伦(J.M. Wahlen)检验了盈余持续性对盈余有用性的影响。[9]他们用三种分类方法对 R.考门迪(R.Kormendi)、R.利佩(R.Lipe)1987

年的分析进行了延伸。他们的第一个样本分类方法是把样本企业按照每一年的盈余分为两类——盈余上升企业和盈余下降企业。他们分别把两个样本按照盈余变动的程度（用总资产进行平减）等分成十组。他们又把每个盈余变动组合按照企业具体的盈余持续性参数分成十组。然后，他们对年度盈余变动进行了计算，又计算了每个组合每个年度的累计盈余。他们对所有样本14年的平均累计收益进行整理后发现，持续性高的企业的收益随盈余增加而有更多地增加。

　　李刚和夏冬林2007年对两类企业的盈余持续性和盈余信息含量进行了分析。[10]他们的研究结果表明：从2001年到2004年连续五年盈余增加的A股上市企业的盈余信息，与盈余没有连续五年增加的企业相比，盈余更具有持续性，包含更多的会计信息含量。

注　释

[1] D. W. Collins, E. L. Maydew, and L. S. Weiss, 1997. Changes in the Value-Relevance of Earnings and Book Values Over the Past Forty Years. *Journal of Accounting and Economics* 24(1):143～181.

[2] J. Francis and K. Schipper, 1999. Have Financial Statements Lost Their Relevance? *Journal of Accounting Research* 37(2):319～352.

[3] S. Brown, K. Lo, and T. Lys, 1999. Use of R^2 in Accounting Research: Measuring Changes in Value Relevance Over the Last Four Decades. *Journal of Accounting and Economics* 28:83～115.

[4] Balachandran Sudhakar and Mohanram Partha, 2011. Is the Decline in Value Relevance of Accounting Driven by Conservatism? *Review of Accounting Studies* 16:272～301.

[5] William D. Brown, Haihong He, and K. Teitel, 2006. Conditional Conservatism and the Value

Relevance of Accounting Earnings: An International Study. *European Accounting Review* 15 (4):605~626.

[6] Wooseok Choi, 2007. Bank Relationships and the Value Relevance of the Income Statement: Evidence from Income Statement Conservatism. *Journal of Business Finance & Accounting* 34(7&8):1051~1072.

[7] D.S.Jenkins, G.D.Kane, and U.Velury, 2009. Earnings Conservatism and Value Relevance Across the Business Cycle. *Journal of Business Finance & Accounting* 36(9):1041~1058.

[8] 刘斌、吴娅玲:《会计稳健性对盈余价值相关性的影响研究——基于公允价值计量的视角》,《财经理论与实践》2010年第5期,第57—62页。

[9] D.C.Nichols and J.M.Wahlen, 2004. How Do Earnings Numbers Relate to Stock Returns: A Review of Classic Accounting Research with Updated Evidence. *Accounting Horizons* 18(4):263~286.

[10] 李刚、夏冬林:《盈余持续性、盈余信息含量和投资组合回报》,《中国会计评论》2007年第2期,第207—218页。

第五章 研究设计

本书主要是想通过实证分析的方法对会计信息稳健性对相关性与可靠性的影响进行研究。在对会计信息稳健性、会计信息相关性、会计信息可靠性等相关概念及理论进行梳理后,本章将对本书采用的实证分析方法进行介绍,包括本书的研究假设、研究变量的计量方法、验证研究假设采用的模型以及运行模型使用的样本。

第一节 假 设 提 出

2003 年沃茨指出,会计信息的稳健性可以在存在应计项目的情况下抑制管理者的机会主义行为。[1] 2006 年 W. 瓜伊(W. Guay)和 R.维雷基亚(R. Verrechia)认为,条件稳健性增加了管理者夸大盈余的成本。[2] 2006 年鲍尔和希弗库马认为,条件稳健性中导致损失应计增加会改善盈余的价值相关性从而改善财务报表的有用性。[3]

稳健性要求尽早确认费用及预期损失,延迟确认收益,加强了当期盈余与现金流量之间的相关关系。

国际财务会计准则委员会在编制及呈报财务报表的框架中指出:稳健性在实务中不允许诸如制造隐秘储量的行为,或是要求慎重地低估资产或收益及慎重地高估负债或损失的过度规定会使财务报表无法保持中立,从而使会计信息不具有可靠性。

1980年美国财务会计准则委员会的财务会计概念第2号指出:稳健性意味着财务会计和报告中的谨慎,商业活动和经济活动中充斥着不确定性,因此它需要小心处理。"比起高估净资产和净收益,错误更可能发生在低估净资产或净收益的计量方式中"的偏好使稳健性与一些会计信息质量特征发生冲突,比如如实反映、中立性和可比性。

以上内容表明稳健性低估资产或高估负债的要求会损害可靠性,会计稳健性使得计入盈余中的应计项目产生计量错误或偏差,从而降低当期盈余预测未来盈余的能力。

1997年巴苏检验了会计稳健性函数并指出,企业确认坏消息与好消息要快。[4]这表示盈余中的损失比收入确认的时间耗费的时间短,损失的长期积累会降低当期盈余预测未来盈余的能力。因此,本书的假设1如下:

假设1:会计稳健性与相关性、可靠性相关。

假设1.1:会计稳健性与当期盈余预测未来现金流量的能力正相关。

假设1.2:会计稳健性与当期盈余预测未来盈余的能力负相关。

1998年比弗提出盈余和股票之间存在这样三个关系:

(1)当期盈余提供了预测未来盈余的信息,而未来盈余;

（2）提供了可预测未来股息的信息，而未来股息；

（3）提供了决定能代表股息现值的股票价格的信息。[5]

2001 年巴恩，比弗、兰兹曼指出价值相关性能够计量相关性和可靠性，因为当会计信息对投资者来说既相关又可靠时与股票价格相关。[6]2010 年班迪欧费叶指出价格—盈余之间关系的程度受盈余预测能力的影响。[7]换句话说，盈余有用性不仅依赖相关性，还依赖可靠性。因此，假设 2 的内容如下：

假设 2：盈余有用性与相关性和可靠性相关。

假设 2.1：股票价格与盈余之间的关系（即盈余有用性）和当期盈余预测未来现金流量的能力呈正相关。

假设 2.2：股票价格与盈余之间的关系和当期盈余预测未来盈余的能力呈正相关。

中国已于 2007 年 1 月 1 日起对上市公司实行《企业会计准则》，该准则使中国的会计准则与国际惯例趋同。很多先行研究表明，会计信息的稳健性、相关性和可靠性都在新会计准则引入之后发生了变化，盈余可靠性，由于公允价值的使用，而得到了改善，因为相关性和可靠性之间存在此消彼长的权衡关系，相关性可能会被削弱。

假设 3：企业会计准则的实行会影响稳健性、相关性、可靠性和盈余有用性之间的关系。

假设 3.1：企业会计准则的实行会影响会计信息稳健性和当期盈余预测未来现金流量能力之间的关系。

假设 3.2：企业会计准则的实行会影响会计信息稳健性和当期盈余预测未来盈余能力之间的关系。

假设 3.3：企业会计准则的实行会影响价格—盈余关系同当

期盈余预测未来现金流量能力之间的关系。

假设 3.4：企业会计准则的实行会影响价格—盈余关系同当期盈余预测未来盈余能力之间的关系。

第二节　研究设计

这部分将对变量的计量和假设检验方法等内容进行介绍。

一、会计稳健性的计量

本书采用了两种计量稳健性的方法，即累计非经营应计项目和一个由累计非经营应计项目、盈余波动性、盈余偏度及净资产市场对账面价值比率构成的稳健性指数。

第一个计量值是累计非经营应计项目。2000 年纪沃利和海恩为研究应计项目和经营现金流量之间的关系而开发了这个稳健性计量值。[8]应计项目（Total Accruals）被定义为不考虑折旧的净收益与经营现金流量之间的差异，并被分为两类——经营性应计利润和非经营性应计利润。经营性应计利润是因企业日常经营活动产生的。其余的被称为非经营性应计利润，包括坏账准备（或是坏账准备的转回）、重组费用、资产销售中的收益或损失。后者的数量及确认时间受管理者操控支配，如果累计金额是负的，就说明财务报告是稳健的。非经营应计利润等于折旧前的总应计利润减去经营性应计利润，其中折旧前的总应计利润等于盈余减去经营现金流量，经营性应计利润等于运营资本的变动。运营资本的变化等于应收项目的变动加上存货的变动加上其他流动资产的变动减去应付账款的变动减去应交税费的变动减去其他流动负债的变动减去递延所得税的变动的值。(所有的变量都用期初总资产和期末总资产的平均值进行了平减。)由于累计非经营利润的负向程度越深,表明财务报告越稳健,所以负的非经营应计 NOACC(Nonoperating Accruals)被用于计算中。因此,每个行业的 CSV1 的计算如下:

$$CSV_{i, p} = \sum (-NOACC_{i, j})/n,$$

这里 i 是表示企业的标识,j 表示年份,p 表示行业,n 表示行业中企业的数量。因此,企业 i 的 CSV1 是它所在行业的负的累计非经营利润,所有的应计利润变量都用期初总资产和期末总资产的平均值进行了平减。本书按行业——年度计算非经营应计利润的横截面平均值。然后把行业 CSV1 分配给属于相应年度相应行业的企业。

除了非经营应计利润,本书也考虑了班迪欧费叶 2010 年论文中采用的稳健性指数。这个指数由负的非经营应计利润、负的盈余偏度*、盈余波动性相对现金流量波动性和市场价值比率4 部分构成。

2000 年纪沃利和海恩认为稳健性使得盈余和现金流量不在

---

* 偏度,是统计数据分布偏斜方向和程度的度量,是统计数据分布非对称程度的数据特征。偏度是表征概率分布密度曲线相对于平均值不对称程度的特征数。直观看来就是密度函数曲线尾部的相对长度。偏度是描述数据分布形态的统计量。其描述的是某总体取值分布的对称性,这个统计量需要与正态分布相比较,偏度为 0,表示其数据分布形态与正态分布的偏斜程度相同,偏度大于 0 表示其数据分布形态与正偏或右偏,即有一条长尾巴拖在右边,数据右端有较多的极端值,偏度小于 0,表示其数据分布形态与正态分布相比为负偏或左偏,即有一条长尾巴在左边,数据左端有较多的极端值,偏度的绝对值越大表示其分布形态的偏斜程度越大。

同一时间被确认,两者由于确认时间不同造成的差异就是应计利润,负的偏度数据含有更多的极端值。因此,平均值、中位数、众数*不再相等。

2000 年纪沃利和海恩用下面的等式去计量盈余的偏度。

$$Y = (E - \mu)^3 / \sigma^3$$

这里 Y 是盈余的偏度,E 是按平均总资产进行缩放的盈余。μ 和 σ 是变量 E 分布的平均值和标准偏差,当盈余偏度 Y 值为负时,说明存在会计稳健性。因此,本书采用负的盈余偏度来计量稳健性,其值越大时,说明稳健性程度越高。

$$Z = \frac{\sigma}{\vartheta}$$

这里 Z 是盈余波动性相对现金流量波动性,σ 是盈余的标准偏差,ϑ 是年度—行业现金流量的标准偏差。

为了把握这些稳健性计量值显露的所有信息,笔者采用了一个稳健性的复合计量值——CSV2,它是由累计非经营应计利润、盈余偏度、盈余波动性相对现金流量波动性和市场价值比率4 个个别稳健性计量值经过标准化后进行加总得到的。每个计量值都用线性转换方式进行了标准化,即[(原始值—最小值)/(最大值—最小值)],从而使每个变量的最小值为 0,最大值为1,样本中每个行业—年度的个别稳健性计量值的计算与计算CSV1 的方法是一样的。

---

*　一组数据中出现次数最多的数值叫众数。

二、其他主要变量的计量

1. 未来现金流量预测能力计量值的计量

本书在每个年度的行业水平上,把 $t+1$ 期现金流量作为因变量,把当期盈余和当期现金流量作为自变量进行了回归,回归方程如下:

$$CFO_{t+1} = \alpha_0 + \alpha_1 CFO_t + \alpha_2 E_t + \varepsilon_t \quad (1)$$

这里,

CFO_{t+1}: $t+1$ 年度经营现金流量;

E_t: t 年度的盈余。

E 和 CFO 都用期初总资产和期末总资产的平均值进行了平减。因为布朗、罗和利斯在 1999 年指出,1997 年科林斯、梅杜和韦斯的论文结果可能会受规模变化的影响,并提出可以通过平减来减解决这个问题。

对每一个企业来说,本书采用了与先行研究一致的横截面方法(如科林斯等人 1997 年的论文及金、克罗斯 2005 年的论文)。本书用 $R^2_{1,P}$ 来标注模型(1)中行业的 R^2,然后本书对只包含 CFO 的模型(2)进行了回归:

$$CFO_{t+1} = \beta_0 + \beta_1 CFO_t + \mu_t \quad (2)$$

这里,

CFO_{t+1}: $t+1$ 年度经营现金流量。

式(2)中行业 p 的 R^2 被标记为 $R^2_{2,P}$,$FCFO_p = R^2_{1,p} - R^2_{2,p}$,$FCFO$ 代表处于行业 p 的 i 企业的当期盈余解释未来现金流量时的增量贡献,我在得到每个行业—年度的相关性计量值后,把该计量值分配给属于相应年度相应行业的每个企业。

FCFO 在本书中将作为现金流量预测能力（相关性）的计量值。

2. 未来盈余预测能力（可靠性）的计量

当期盈余预测未来盈余能力的计量方法与当期盈余预测未来现金流量能力的计量方法相似，笔者用下面的盈余预测模型进行了估计：

$$E_{t+1} = \gamma_0 + \gamma_1 CFO_t + \gamma_2 E_t + \eta_t \qquad (3)$$

$$E_{t+1} = \delta_0 + \delta_1 CFO_t + \iota_t \qquad (4)$$

这里，

CFO_{t+1}：$t+1$ 年度经营现金流量；

E_t：t 年度的盈余。

与现金流量预测能力（FCFO）的计量一致，模型（3）和模型（4）中每个行业的解释能力即 R_3^2 和 R_4^2 的差异，代表了当期盈余解释未来盈余的增量贡献，也就是说，$FE = R_3^2 - R_4^2$，后一年的盈余对当期盈余进行回归得到的计量值是盈余可靠性的代理变量，模型（3）和模型（4）都是按年度—企业进行回归的。

3. 股票价格—盈余关系的计量（盈余有用性）

与班迪欧费叶 2010 年的方法一致，笔者用以下等式对盈余有用性进行了计量：

$$PRC_t = h_0 + h_1 BVS_t + h_2 EPS_t + \mu_t \qquad (5)$$

$$PRC_t = g_0 + g_1 BVS_t + v_t \qquad (6)$$

这里，

PRC_t：财务年度末三个月后每股价格；

BVS_t：t 年每股账面价值；

EPS_t：t 年每股盈余。

　　与上面提到的增量计量方法一样,盈余有用性(EU)是用模型(5)和模型(6)R^2 的差异来计量的。

三、模型

　　在假设 1 中,要检验会计稳健性对现金流量预测能力和盈余预测能力的影响,笔者用下面的模型检验现金流量预测能力和稳健性之间的关系。

$$FCFO_{i,j} = d_0 + d_1 CSV_{i,j} + d_2 SIZE_{i,j} + d_3 INT_{i,j} + \xi_{i,j}$$

$$(7)$$

用模型(8)来检验盈余预测能力和稳健性之间的关系。

$$FE_{i,j} = e_0 + e_1 CSV_{i,j} + e_2 SIZE_{i,j} + e_3 INT_{i,j} + \phi_{i,j} \quad (8)$$

这里,

$FCFO_{i,j}$：j 年度 i 企业的盈余相关性(基于增量 R^2 方法)；

$FE_{i,j}$：j 年度 i 企业的盈余可靠性(基于增量 R^2 方法)；

$CSV_{i,j}$：j 年度 i 企业的稳健性计量值($CSV1$ 和 $CSV2$)；

$SIZE_{i,j}$：以总资产的自然对数来计量的 j 年度 i 企业的企业规模；

$INT_{i,j}$：表明 j 年度 i 企业是否属于无形资产密集型行业的指示变量。

　　2007 年 K.H.白(K.H.Bae)和 S.W.郑(S.W.Jeong)、M.布林布尔(M.Brimble)和 A.霍奇森(A.Hodgson)先行研究中指出企业规模是决定会计信息价值相关性的重要因素[9][10],1995 年海恩考虑到相关的信息环境,规模小的企业更有可能是新兴公司或初创公司,比起当期确认的盈余,他们的价值更容易受盈余未来潜在增长率的影响。因此,他们更有报告损失的倾向。大企业的多样化程度好,增长缓慢但稳定,当出现损失或经济下滑时,能够更好地规避风险,稳定性可以转化成更持续的盈余和更可预测的现金流量,因此小企业与大企业相比,遭遇财务危机的可能性更高,更容易失败。所以,笔者把 $SIZE$ 作为一个控制变量,$SIZE$ 的系数估计为正。

实证研究很好地证明了近年来由于经济知识化加强,企业的无形资产重要性程度上升。会计信息的有用性在下降,1986 年 E. 阿尔米(E. Amir)和 B. 列弗(B. Lev),列弗和 P. 查诺文(P. Zarowin)认为如果投资者专注于服务业和技术公司,那么财务会计信息对他们就不是那么重要,因为财务会计准则不允许企业确认知识资产。而这在很多情况下会降低会计信息的质量。[11][12]

在本书中,对横截面样本,笔者保留了每个控制变量的企业—年度观测值,然后对横截面样本进行了混合估计。

假设 1.1 认为会计稳健性和当期盈余预测未来现金流量的能力呈正相关。假设 1.2 认为会计稳健性和当期盈余预测未来盈余的能力呈负相关。因此,模型(7)中 CSV 的系数符号预计为正 $(d1 > 0)$,而模型(8)中,CSV 的系数预计为负 $(e1 < 0)$,对于模型(7)和模型(8)的控制变量,笔者觉得企业规模($SIZE$)与盈余预测能力之间是正相关的。笔者把这种预测推及到现金流量预测能力上。因为大企业可能享有更多的经济租金。*同时

---

　　* 经济租金是指从要素的所有收入中减去不会影响要素总供给的要素收入的一部分要素收入,它类似于生产者剩余,等于要素收入和其他机会成本之间的差额。

他们也会有更多的可持续的现金流量。2006 年沙拉德·C.阿斯萨那(Sharad C.Asthana)和张音琦(Yinqi Zhang)认为与研发费用有关的风险和竞争抑制效果之间存在权衡关系,所以研究开发投资的不确定性支出对非正常盈余的持续性有正影响。[13]但是考虑到笔者并没有对非正常盈余进行计量,并且也没有先行研究提供这种权衡效果对盈余可靠性有影响的证据,所以笔者没有对 INT(无形资产密集性行业指示变量)的符号作出明确的估计。

假设 2.1 和假设 2.2 分别考察了现金流量预测能力和盈余预测能力的价格效应,笔者用下面的回归对这些假设进行了检验。

$$EU_{i,j} = h_0 + h_1 FCFO_{i,j} + h_2 FE_{i,j} + h_3 SIZE_{i,j} \quad (9)$$
$$+ h_4 INT_{i,j} + h_5 NE_{i,j} + \zeta_{i,j}$$

这里,

$EU_{i,j}$:j 年度 i 企业的盈余有用性(基于增量 R^2 方法);

$FCFO_{i,j}$:j 年度 i 企业的盈余相关性(基于增量 R^2 方法);

$FE_{i,j}$:j 年度 i 企业的盈余可靠性(基于增量 R^2 方法);

$SIZE_{i,j}$:以总资产的自然对数来计量的 j 年度 i 企业的企业规模;

$INT_{i,j}$:表明 j 年度 i 企业是否属于无形资产密集型行业的指示变量;

$NE_{i,j}$:负盈余的指示变量。

根据科罗斯等人 1997 年的论文,模型(9)的控制变量有 $SIZE$(企业规模)、INT(无形资产密集型行业)和 NE(负盈余)。假设 2.1 和假设 2.2 指出盈余有用性和现金流量预测能力及盈余预测能力呈正相关。因此,模型(9)中 $h1$ 和 $h2$ 的预计符号都是正的。同时,根据科罗斯等人在 1997 年论文中所论述的,变量 $SIZE$ 的估计符号为正,变量 Ne 和 INT 的估计符号为负。

模型(10)、模型(11)和模型(12)在基本模型(7)、模型(8)和模型(9)的基础上,增加了相应的交叉项作为控制变量,以检验企业会计准则的制度效果。

$$FCFO_{i,j} = f_0 + f_1 CSV_{i,j} + f_2 CSV_{i,j} * D2007_{i,j}$$
$$+ f_3 SIZE_{i,j} + f_4 INT_{i,j} + f_5 D2007_{i,j} + \xi_{i,j}$$
$$(10)$$

$$FE_{i,j} = g_0 + g_1 CSV_{i,j} + g_2 CSV_{i,j} * D2007_{i,j}$$
$$+ g_3 SIZE_{i,j} + g_4 INT_{i,j} + g_5 D2007_{i,j} + \phi_{i,j}$$
$$(11)$$

$$EU_{i,j} = k_0 + k_1 FCFO_{i,j} + k_2 FE_{i,j} + k_3 FCFO_{i,j} * D2007_{i,j}$$
$$+ k_4 FE_{i,j} * D2007_{i,j} + k_5 SIZE_{i,j} + k_6 INT_{i,j}$$
$$+ k_7 NE_{i,j} + k_8 D2007_{i,j} + \rho_{i,j}$$
$$(12)$$

这里,

$EU_{i,j}$:j 年度 i 企业的盈余有用性(基于增量 R^2 方法);

$FCFO_{i,j}$:j 年度 i 企业的盈余相关性(基于增量 R^2 方法);

$FE_{i,j}$:j 年度 i 企业的盈余可靠性(基于增量 R^2 方法);

$CSV_{i,j}$:j 年度 i 企业的稳健性计量值($CSV1$ 和 $CSV2$);

$SIZE_{i,j}$:以总资产的自然对数来计量的 j 年度 i 企业的企业规模;

$INT_{i,j}$:表明 j 年度 i 企业是否属于无形资产密集型行业的指示变量；

$NE_{i,j}$：负盈余的指示变量；

$D2007_{i,j}$：表明新会计准则实行前后期间的指示变量，期间为新
　　　　　会计准则实行之后则为 1，否则为 0。

这里，变量 $D2007$ 计量了 2007 年起实行的企业会计准则对
相关性、可靠性和盈余有用性的全部期间效果。变量 $CSV *$
$D2007$ 计量了企业会计准则对稳健性和相关性（可靠性）之间关
系的期间效果。$FCFO * D2007$ 检验了企业会计准则对相关性
和盈余有用性之间关系的影响，$FE * D2007$ 考察了企业会计准
则对盈余有用性和可靠性之间关系的影响。

第三节　样本选择

样本包括 1997 年至 2011 年间在上海证券交易所和深圳证
券交易所上市的上市公司。本书需要滞后一年（One-Year-Lag）
数据来计算应计利润，需要超前一年（One-Year-Lead）数据用于
预计模型的现金流量和盈余。因此，最终检验样本期间为 1998
年至 2010 年共 13 年，为防止个别样本影响整个研究的结论，一
些企业被排除。首先，金融企业被排除，因为它们的运营和披露
要求都与其他上市公司不同。其次，ST 公司经常被迫恢复至正
常财务状况或其他状况，以除去"ST"和"PT"的帽子，或面临将
股票名称从交易所上市股票名单中除去的危险，这会增加会计
信息的偏误。因此，笔者把"ST"和"PT"上市企业从整体样本移
除。最后，笔者要求每个行业在每个会计年度至少有 12 个观测

值,为了取得每个具体企业的时间序列样本,排除了在 1997 年
至 2011 年期间少于 12 个观测值的企业。经过以上筛选,本书
所采用的样本为来自 508 个企业的 6 131 个企业—年度观测值,
数据资料来源于国泰安数据库。

表 5.3.1 的 A 面说明了本书检验中所采用样本的筛选过程。

表 5.3.1 样本筛选及样本分布情况

A 面:样本筛选过程

CSMAR 行业/年度 样本期间:1998—2010 年	观测值总数
排除金融企业后的观测值	18 042
排除 ST/PT 企业	(4 971)
排除缺失样本	(5 084)
排除行业中每个财务年度内少于 12 个观测值	(1 223)
排除少于 12 个财务年度的观测值	(633)
企业—年度观测值	6 131

表 5.3.1 的 B 面指出了满足数据筛选要求的企业—年度观
测值的行业分布。

B 面:样本行业分布情况

编号	行　　业	企业数量	观测值
C0	食品饮料	33	397
C1	纺织、服装、皮毛	21	237
C4	石油化学塑胶塑料	65	791
C5	电　子	24	288
C6	金属非金属	57	698
C7	机械设备仪表	94	1 143
C8	医药生物制品	46	542
D01	电力蒸汽热水的生产和供应业	31	382

(续表)

编号	行 业	企业数量	观测值
F11	交通运输辅助业	15	162
G81	通信及相关设备制造业	12	120
H11	零售业	43	539
H21	商业经纪与代理业	18	220
J01	房地产开发与经营业	49	612
Total		508	6 131

注 释

[1] R.L.Watts, 2003. Conservatism in Accounting, Part Ⅰ: Explanations and Implications. *Accounting Horizons* 17(3):207~221.

[2] W.Guay and R. Verrechia, 2006. Discussion of an Economic Framework for Conservative Accounting AND Bushman and Piotroski. *Journal of Accounting and Economics* 42(1-2):149~165.

[3] R.Ball and L.Shivakumar, 2006. The Role of Accruals in Asymmetrically Timely Gain and Loss Recognition. *Journal of Accounting Research* 44(2):207~242.

[4] S.Basu, 1997. The Conservatism Principle and the Asymmetric Timeliness of Earnings. *Journal of Accounting and Economics* 24(1):3~37.

[5] W.Beaver and M.Mcnichols, 1998. The Characteristics and Valuation of Loss Reserves of Property Casualty Insurers. *Review of Accounting Studies* 3:73~95.

[6] E.Barth, H.Beaver, and R.Landsman, 2001. The Relevance of Value Relevance Literature for Financial Accounting Standard Setting: Another View. *Journal of Accounting and Economics* 31:77~104.

[7] S.P.Bandyopadhyay, C. L. Chen, A. G. Huang, and R. Jha, 2010. Accounting Conservatism and the Temporal Trends in Current Earnings' Ability to Predict Future Cash Flows versus Future Earnings: Evidence on the Trade-Off between Relevance and Reliability. *Contemporary Accounting Research* 27(2):413~460.

[8] D.Givoly and C.Hayn, 2000. The Changing Time-Series Properties of Earnings, Cash

Flows and Accruals: Has Financial Reporting Become More Conservatism? *Journal of Accounting and Economics* 29:287~320.

[9] K. H. Bae and S. W. Jeong, 2007. The Value-Relevance of Earnings and Book Value, Ownership Structure, and Business Group Affiliation: Evidence from Korean Business Group. *Journal of Business Finance & Accounting* 34(5):740~766.

[10] M. Brimble and A. Hodgson, 2007. On the Inter-temporal Value Relevance of Conventional Financial Accounting In Australia. *Accounting and Finance* 47(4):599~622.

[11] E. Amir and B. Lev, 1996. Value-Relevance of Non-financial Information: the Wireless Communications Industry. *Journal of Accounting and Economics* 22:3~30.

[12] B. Lev and P. Zarowin, 1999. The Boundaries of Financial Reporting and How to Extend Them. *Journal of Accounting Research* 37(2):353~385.

[13] Sharad C. Asthana and Yinqi Zhang, 2006. Effect of R&D Investments on Persistence of Abnormal Earnings. *Review of Accounting and Finance* 5(2):24~139.

第六章 实证研究

本章对实证分析结果进行了陈述,包括描述性统计(描述性统计和相关分析)结果、单变量分析(差异分析和趋势图)结果、多变量分析结果。除此之外,本章还提供了为检验主分析结果(即按照第五章研究设计内容运行的结果)强健性而进行的敏感性分析的结果。

第一节 描述性统计

表 6.1.1 的 A 面提供了所有自变量和因变量在整个样本期间的描述性统计值。

表 6.1.1 描述性统计和相关分析

A 面:全样本的描述性统计(1998—2010 年期间 6 131 个企业—年度观测值)

变 量	平均值	标准偏差	25%	中位数	75%
EU	0.060 919 7	0.090 081 6	0.002 9	0.020 2	0.085 4
FCFO	0.043 791	0.060 237 6	0.005 1	0.018 2	0.060 1
FE	0.302 172 5	0.172 613 3	0.152 4	0.311 9	0.407 7
CSV1	0.032 434 8	0.030 724 0	0.017 329 7	0.031 102 2	0.047 167 7
CSV2	1.740 843 1	0.535 802 9	1.355 645	1.695 916	2.128 624
SIZE	21.570 146	1.031 779 2	20.852 3	21.487 3	22.175 6
INT	0.668 406 5	0.470 824 2	0	1	1
NE	0.062 306 3	0.241 730 8	0	0	0

B面：相关分析

变量	CSV1	CSV2	FCFO	FE	EU	SIZE	INT	NE	D
CSV1	1.000 00								
CSV2	0.425 08 (<.000 1)	1.000 00							
FCFO	0.031 16 (0.017 7)	0.013 1 (0.302 7)	1.000 00						
FE	−0.045 91 (0.000 3)	−0.096 97 (<.000 1)	0.099 35 (<.000 1)	1.000 00					
EU	−0.061 34 (<.000 1)	0.100 57 (<.000 1)	0.013 14 (0.303 6)	0.159 28 (<.000 1)	1.000 00				
SIZE	0.074 21 (<.000 1)	0.232 52 (<.000 1)	0.022 18 (0.082 5)	0.037 08 (0.003 7)	0.063 43 (<.000 1)	1.000 00			
INT	0.074 21 (<.000 1)	−0.027 84 (0.029 3)	−0.038 93 (0.002 3)	0.019 98 (0.117 7)	−0.103 38 (<.000 1)	−0.027 59 (0.030 8)	1.000 00		
NE	−0.045 03 (0.000 4)	0.044 04 (0.000 6)	−0.019 46 (0.127 6)	−0.047 11 (0.000 2)	0.033 31 (0.009 1)	−0.053 61 (<.000 1)	−0.000 47 (0.970 3)	1.000 00	
D2007	−0.065 13 (<.000 1)	0.322 49 (<.000 1)	−0.120 09 (<.000 1)	0.072 37 (<.000 1)	0.249 16 (<.000 1)	0.333 98 (<.000 1)	−0.004 03 (0.752 4)	0.024 56 (0.054 5)	1.000 00

变量定义：CSV1：负的累计非经常应计；CSV2：稳健性指数；FCFO：盈余相关性（基于增量 R^2 方法）；FE：盈余可靠性（基于增量 R^2 方法）；EU：盈余有用性（基于增量 R^2 方法）；SIZE：以总资产的自然对数来计量的企业规模；INT：表明是否属于无形资产密集型行业的指示变量；NE：$E < 0$ 时取值为 1，否则为 0；D2007：表明新会计准则实行前后期间的指示变量，期间为新会计准则实行之后则为 1，否则为 0。

注：*、**、***分别表示在小于 10%、5%、1%的水平上显著。

EU、$FCFO$、FE 变量的平均值分别是 0.060 919 7、0.043 791、0.302 172 5。

$CSV1$ 的平均值(0.032 434 8)和 $CSV2$ 的平均值(1.740 843 1)都是正数。这表明,在 1998—2010 年期间在上海证券交易所和深圳证券交易所上市的中国上市企业的会计信息是稳健的。

大约 6.23%的样本的盈余是负数,其余样本盈余为正数。

表 6.1.1 的 B 面列出整个样本的相关关系。$CSV1$ 和 $CSV2$ 之间的相关系数是 0.425 08,并且在小于 1%的水平上显著表明这两个稳健性的指示变量是高度相关的。

与假若设 1.1 和假设 1.2 一致。稳健性代理变量($CSV1$ 和 $CSV2$)和 $FCFO$(相关性代理变量)之间的相关关系系数分别是 0.031 16 和 0.013 1,都是正数,与认为会计稳健性与当期盈余预测未来现金流量的能力正相关的假设 1.1 一致。稳健性代理变量($CSV1$ 和 $CSV2$)和 FE(可靠性代理变量)之间的相关关系系数分别是 −0.045 91 和 −0.096 97,都是负数,与认为会计稳健性与当期盈余预测未来盈余的能力负相关的假设 1.2 一致。另外,$FCFO$、FE 与 EU 的相关关系系数分别是 0.013 14 和 0.015 928,都是正数,与认为股票价格与盈余之间的关系(即盈余有用性)和当期盈余预测未来现金流量的能力之间呈正相关的假设 2.1 和认为股票价格与盈余之间的关系和当期盈余预测未来现金盈余的能力之间呈正相关的假设 2.2 一致。

第二节　单变量分析

本书对实证分析中的主要变量——$FCFO$、FE、EU、$CSV1$、

$CSV2$ 在 2007 年新会计准则施行前后进行了比较,t 检验和 $willcoxon$ 检验结果显示了主要变量平均值的差异是否显著。每一个变量的平均值在新会计准则实行前后期间都有显著不同,其中,$FCFO$(相关性)的平均值、$CSV1$(稳健性)的平均值在新会计准则实行之后有所下降,而 FE(可靠性)、EU(盈余有用性)、$CSV2$(稳健性)在新会计准则实行之后有所提高。

表 6.2.1　差异分析

	1998—2006 年	2007—2010 年	t-value	z-value
$FCFO$	0.048 8	0.033 3	9.47 ***	10.377 ***
FE	0.293 6	0.320 3	−5.68 ***	−3.283 3 ***
EU	0.045 5	0.093 5	−20.14 ***	−19.081 5 ***
$CSV1$	0.033 8	0.029 5	5.11 ***	6.557 1 ***
$CSV2$	1.710 4	1.801 6	−26.67 ***	−25.155 1 ***
N	4 157	1 974		

变量定义:$FCFO$:盈余相关性(基于增量 R^2 方法);FE:盈余可靠性(基于增量 R^2 方法);EU:盈余有用性(基于增量 R^2 方法);$CSV1$:负的累计非经常应计;$CSV2$:稳健性指数。

本书还通过描绘 $CSV1$、$CSV2$、$FCFO$、FE、EU 变量过去 5 年间的移动平均值的变动提供了稳健性、相关性、可靠性、盈余有用性的变化趋势。

图 6.2.1 描绘了以 $CSV1$(负的累计非经营应计值)和 $CSV2$(稳健性指数)作为代理变量的会计稳健性在 2002—2010 的变化趋势。

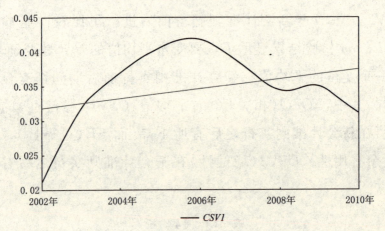

（a）累计非经营应计趋势

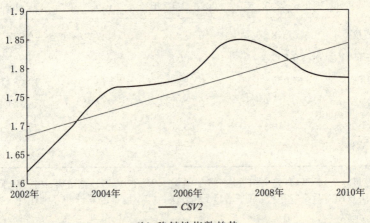

（b）稳健性指数趋势

注：这些图形描绘了五年间的 *CSV1* 的移动平均值（负的累计非经营应计）和 *CSV2*（稳健性指数）。

图 6.2.1　会计稳健性趋势（*CSV1* 和 *CSV2*）

　　CSV1 和 *CSV2* 在新会计准则实行之后有所下降，*CSV2* 在 2002—2006 年间的平均值比 2007—2010 年间的平均值要低，与之前分析结果不同一致。

　　在图 6.2.2 中，*FCFO* 呈下降趋势，*FE* 呈上升趋势，这与会计信息的相关性和可靠性之间存在权衡关系的见解一致。

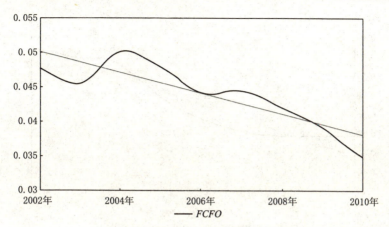

（a）盈余预测未来现金流量的能力（FCFO）

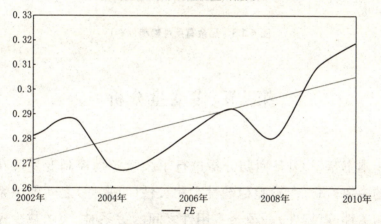

（b）盈余预测未来盈余的能力（FE）

注:这些图描绘了当期盈余预测下一年经营现金流量时增量贡献的五年移动平均值［FCFO，(a)图］和当期盈余预测下一年盈余时增量贡献的五年移动平均值［FE，(b)图］。

图6.2.2 相关性(FCFO)和可靠性(FE)的趋势

图6.2.3表明盈余有用性从2002年开始呈上升趋势,在2007年则有戏剧性地大幅上升。这表明新会计准则在改善会计信息质量上发挥了重要作用。

对这些图进行比较之后会发现,稳健性和相关性之间呈正相关,稳健性和可靠性呈负相关。

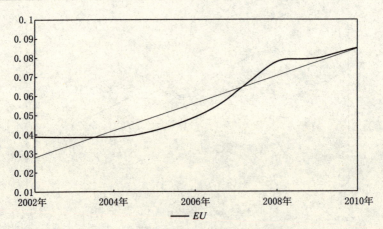

注:这图描绘了相对于账面价值当期盈余预测股票价格时的增量贡献的五年移动平均值。

图6.2.3   盈余有用性趋势(*EU*)

第三节   多变量分析

本书基于 OLS 回归分析进行了顾及各种控制变量潜在效果的主要检验,在检验稳健性和相关性(可靠性)之间的关系以及相关性(可靠性)和盈余有用性之间的关系时,为了减少极端值的不当影响,笔者对盈余、现金流量、资产、每股价格、每股盈余、账面价值、每股账面价值在变量分布的上下 1% 的水平上进行了 winsorize。

表 6.3.1 列出了用来检验假设 1.1 和假设 1.2 的模型(7)和模型(8)的结果,模型(7)的结果中,*CSV1* 的系数是 0.055 03(*t* 值是2.19),在小于 5% 的水平上显著;*CSV2* 的系数是 0.000 854 46(*t* 值是 0.58),表明以负的累计非经营应计作为稳健性的代理变量时,稳健性和相关性呈正相关,与假设 1.1 一致。

表 6.3.1 相关性和可靠性回归

模型(7)：$FCFO_{i,j} = d_0 + d_1 CSV_{i,j} + d_2 SIZE_{i,j} + d_3 INT_{i,j} + \xi_{i,j}$

变 量	估计符号	CSV1 系数	CSV1 t 值	CSV2 系数	CSV2 t 值
Intercept	?	0.021 16	1.31	0.021 19	1.31
CSV1	+	0.055 03	2.19 **		
CSV2	+			0.000 854 46	0.58
SIZE	+	0.001 11	1.49	0.001 13	1.47
INT	?	−0.004 75	−2.91 ***	−0.004 88	−2.99 ***
F-value		5.62 ***		4.12 ***	
R^2		0.002 7		0.002	
N		6 131		6 131	

模型(8)：$FE_{i,j} = e_0 + e_1 CSV_{i,j} + e_2 SIZE_{i,j} + e_3 INT_{i,j} + \phi_{i,j}$

变 量	估计符号	CSV1 系 数	CSV1 t 值	CSV2 系 数	CSV2 t 值
Intercept	?	0.157 72	3.41 ***	0.131	2.84 ***
CSV1	−	−0.270 3	−3.76 ***		
CSV2	−			−0.035 82	−8.52 ***
SIZE	+	0.006 89	3.22 ***	0.010 61	4.86 ***
INT	?	0.006 95	1.48	0.006 83	1.47
F-value		8.44 ***		27.97 ***	
R^2		0.004 1		0.013 5	
N		6 131		6 131	

变量定义：FCFO：盈余相关性（基于增量 R^2 方法）；FE：盈余可靠性（基于增量 R^2 方法）；CSV1：负的累计非经常应计；CSV2：稳健性指数；SIZE：以总资产的自然对数来计量的企业规模；INT：表明是否属于无形资产密集型行业的指示变量。

注：*、**、*** 分别表示在小于 10%、5%、1% 的水平上显著。

模型(8)的结果中，CSV1 的系数是 −0.270 3（t 值是 −3.76），CSV2 的系数是 −0.035 82（t 值是 −8.52），两个系数都在小于 1% 的水平上显著，表明以负的累计非经营应计和稳健性指数作为稳健性的代理变量时，稳健性和会计信息的可靠性都呈负相关,这些结果支持了假设 1.2。

从表 6.3.1 可以看到,无形资产密集型行业指示变量和企业规模至少在一个模型中是显著的。模型(7)中 INT 的系数为负且显著(以 $CSV1$ 作为稳健性代理变量的模型中,系数为 -0.00475,t 值为 -2.91;以 $CSV2$ 作为稳健性代理变量的模型中,系数为 -0.00488,t 值为 -2.99),表明当无形资产密集型企业的比重增加时,盈余的相关性就下降了。表 6.3.1 中控制变量的符号都与假设中的估计符号一致。

总之,表 6.3.1 报告的结果支持了假设 1.1 和假设 1.2,也就是说稳健性提高了会计信息的相关性,但是削弱了会计信息的可靠性,会计信息的相关性随着会计信息稳健性的增强而增强,但是付出了牺牲可靠性的代价。这个结论与会计信息的相关性和可靠性之间存在权衡关系的说法一致。

表 6.3.2 报告了用来检验假设 2.1 和假设 2.2 即盈余有用性(EU)与相关性($FCFO$)和可靠性(FE)之间关系的主要回归模型的回归系数。$FCFO$ 的系数为正且在小于 1% 的水平上显著(系数为 0.08458,t 值为 12.87),表明盈余有用性和会计信息的可靠性之间呈正相关。

表 6.3.2　盈余有用性回归

模型(9):$EU_{i,j} = h_0 + h_1 FCFO_{i,j} + h_2 FE_{i,j} + h_3 SIZE_{i,j} + h_4 INT_{i,j} + h_5 NE_{i,j} + \zeta_{i,j}$

变　量	估计符号	系　数	t-值
Intercept	?	-0.05909	-2.49***
FCFO	+	-0.01118	-0.59
FE	+	0.08458	12.87***
SIZE	+	0.00498	4.55***

（续表）

变　量	估计符号	系　数	t-值
INT	—	−0.020 15	−8.41***
NE	—	0.016 33	3.49***
F-value		53.28***	
R^2		0.041 7	
N		6 131	

变量定义：*EU*：盈余有用性（基于增量 R^2 方法）；*FCFO*：盈余相关性（基于增量 R^2 方法）；*FE*：盈余可靠性（基于增量 R^2 方法）；*CSV1*：负的累计非经常应计；*CSV2*：稳健性指数；*SIZE*：以总资产的自然对数来计量的企业规模；*INT*：表明是否属于无形资产密集型行业的指示变量；*NE*：如果 $E < 0$ 则取值为 1，否则为 0。

注：*、**、*** 分别表示在小于 10%、5%、1% 的水平上显著。

然后，笔者对意在检验新会计准则对稳健性和相关性（可靠性）之间关系的模型（10）和模型（11）进行了估计。

表 6.3.3 是包含交叉项 *CSV * D2007* 和虚拟变量 *D2007* 的模型的估计结果。模型（10）中 *CSV1* 的系数（系数为 0.019 1，*t* 值为 0.61）和 *CSV2* 的系数（系数为 0.019 22，*t* 值是 10.7，在小于 1% 的水平上显著）依然为正，模型（11）中 *CSV1* 的系数（系数是 −0.196 95，*t* 值为 −2.18，在小于 5% 的水平上显著）和 *CSV2* 的系数（系数是 −0.027 89，*t* 值为 −5.35，在小于 1% 的水平上显著）仍然为负，支持假设 1.1 和假设 1.2。

模型（10）中 *CSV2 * D2007* 的系数为 −0.045 36，*t* 值为 −13.82，在小于 1% 的水平上显著，表明在新会计准则实行之后，以稳健性指数作为稳健性的代理变量时，稳健性与当期盈余预测未来现金流量的能力的关系变弱了。另外，*CSV2 * D2007* 的系数，在以 *FE* 为因变量的模型中显著为负（系数为 −0.055 04，*t* 值为 −5.78，在小于 1% 的水平上显著），表明以稳健性指数为

表 6.3.3　新会计准则影响下的相关性和可靠性回归

模型(10)：$FCFO_{i,j} = f_0 + f_1 CSV_{i,j} + f_2 CSV_{i,j} * D2007_{i,j} + f_3 SIZE_{i,j} + f_4 INT_{i,j} + f_5 D2007_{i,j} + \xi_{i,j}$

变　量	估计符号	CSV1		CSV2	
		系　数	t 值	系　数	t 值
Intercept	?	−0.032 54	−1.93**	−0.050 77	−3.06***
CSV1	＋	0.019 1	0.61		
CSV2	＋			0.019 22	10.7***
CSV * *D2007*	?	0.029 65	0.57	−0.045 36	−13.82***
D2007	－	−0.019 19	−8.12***	0.065 37	10.16***
SIZE	＋	0.003 93	4.99***	0.003 23	4.14***
INT	?	−0.004 74	−2.92***	−0.000 674 73	−0.42
F-value		25.62***		66.95***	
R^2		0.020 5		0.051 8	
N		6 131		6 131	

模型(11)：$FE_{i,j} = g_0 + g_1 CSV_{i,j} + g_2 CSV_{i,j} * D2007_{i,j} + g_3 SIZE_{i,j} + g_4 INT_{i,j} + g_5 D2007_{i,j} + \phi_{i,j}$

变　量	估计符号	CSV1		CSV2	
		系　数	t 值	系　数	t 值
Intercept	?	0.225 14	4.63***	0.218 66	4.55***
CSV1	－	−0.196 95	−2.18**		
CSV2	－			−0.027 89	−5.35***
CSV * *D2007*	?	−0.113 18	−0.76	−0.055 04	−5.78***
D2007	＋	0.026 83	3.94***	0.142 83	7.65***
SIZE	＋	0.003 3	1.45	0.005 28	2.33***
INT	?	0.006 96	1.49	0.011 26	2.4***
F-value		9.52***		35.3***	
R^2		0.007 7		0.028	
N		6 131		6 131	

　　变量定义：FCFO：盈余相关性(基于增量 R^2 方法)；FE：盈余可靠性(基于增量 R^2 方法)；CSV1：负的累计非经常应计；CSV2：稳健性指数；SIZE：以总资产的自然对数来计量的企业规模；INT：表明是否属于无形资产密集型行业的指示变量；D2007：表明新会计准则实行前后期间的指示变量，期间为新会计准则实行之后则为1，否则为 0。

　　注：*、**、*** 分别表示在小于 10%、5%、1%的水平上显著。

稳健性代理变量时,稳健性和当期盈余预测未来盈余的能力之间的负相关程度在新会计准则引入之后增强了。模型(10)中,稳健性以负的累计非经常应计作为代理变量时,$D2007$ 的系数显著为负(系数是 $-0.019\,19$, t 值为 -8.12,在小于 1% 的水平上显著)。模型(11)中 $D2007$ 的系数显著为正(系数分别为 $0.026\,83$ 和 $0.142\,83$, t 值分别为 3.94 和 7.65,在小于 1% 的水平上显著),表明在 2007 年以后,盈余相关性下降而盈余可靠性有所改善,与本书的预测一致。

综上所述,表 6.3.3 表明新会计准则弱化了稳健性和相关性之间的正相关关系,强化了稳健性和可靠性之间的负相关关系。

表 6.3.4 是模型(12)的结果,FE 的系数仍然是显著为正(系数是 $0.143\,42$, t 值是 17.48,在小于 1% 的水平上显著),与模型(9)的结果一致,$D2007$ 的系数显著为正(系数为 $0.090\,84$, t 值为 17.89,在小于 1% 的水平上显著),表明盈余有用性在 2007 年新会计准则实行以后有所提高。

表 6.3.4　新会计准则影响下的盈余有用性回归

模型(12):$EU_{i,j} = k_0 + k_1FCFO_{i,j} + k_2FE_{i,j} + k_3FCFO_{i,j} * D2007_{i,j}$
　　　　　$+ k_4FE_{i,j} * D2007_{i,j} + k_5SIZE_{i,j} + k_6INT_{i,j} + k_7NE_{i,j}$
　　　　　$+ k_8D2007_{i,j} + \rho_{i,j}$

变　量	估计符号	系　数	t 值
Intercept	?	$0.071\,54$	2.99^{***}
FCFO	$+$	$-0.028\,89$	-1.44
FE	$+$	$0.143\,42$	17.48^{***}
*FCFO * D2007*	?	$0.225\,19$	4.56^{***}
*FE * D2007*	?	$-0.165\,57$	-12.64^{***}
SIZE	$+$	$-0.002\,42$	-2.17^{**}
INT	$-$	$-0.023\,68$	-10.19^{***}

（续表）

变　　量	估计符号	系　　数	t 值
NE	－	0.010 4	2.32**
D2007	＋	0.090 84	17.89***
F-value			106.11
R^2			0.121 8
N			6 131

变量定义：EU：盈余有用性（基于增量 R^2 方法）；FCFO：盈余相关性（基于增量 R^2 方法）；FE：盈余可靠性（基于增量 R^2 方法）；CSV1：负的累计非经常应计；CSV2：稳健性指数；SIZE：以总资产的自然对数来计量的企业规模；INT：表明是否属于无形资产密集型行业的指示变量；NE：如果 $E < 0$ 则取值为 1，否则为 0；D2007：表明新会计准则实行前后期间的指示变量，期间为新会计准则实行之后则为 1，否则为 0。

注：*、**、*** 分别表示在小于 10％、5％、1％的水平上显著。

　　FCFO * D2007 的系数显著为正（系数是 0.225 19，t 值为 4.56，在小于 1％的水平上显著），表明盈余相关性和盈余有用性之间的关系增强，FE * D2007 的系数显著为负（系数是 －0.165 57，t 值为 －12.64，在小于 1％的水平上显著），表明盈余有用性和盈余可靠性之间的关系在 2007 年新会计准则实行之后变弱。这些结果表明相关性（可靠性）和盈余有用性之间关系的变化。中国实行新会计准则的目的就是为了提高会计信息的质量，在遵守新会计准则的情况下，盈余可靠性和盈余有用性随着会计稳健性的下降有显著的改善，而这会影响会计稳健性、相关性、可靠性和盈余有用性之间的关系。

　　总之，表 6.3.4 的结果支持了假设 1.1 和假设 1.2，会计稳健性程度的增加会以牺牲盈余可靠性为代价，提高盈余相关性。表 6.3.2 表明盈余有用性和盈余可靠性之间存在正相关的关系，因此，假设 2.2 被予以采纳。本书的主分析结果中没有支持假设

2.1 的充分证据,即盈余有用性与盈余相关性呈正相关。

表 6.3.3 和表 6.3.4 的结果证实了新会计准则的采用影响了会计稳健性和当期盈余预测未来现金流量(未来盈余)的能力之间的关系。另外,新会计准则对价格—盈余关系和当期盈余预测未来现金流量(未来盈余)的能力之间的关系产生了一定的影响,与假设 3.1、假设 3.2、假设 3.3、假设 3.4 一致。

虽然本书中的大部分研究结果支持了本书的假设,中国的会计稳健性、盈余相关性、盈余可靠性与美国相比存在一些差异。而造成这些差异的原因可能如下:(1)经济原因。中国的市场经济还处于发展的早期阶段,美国的市场经济发展相对发达。(2)法制原因。中国的会计准则和体系已经建立并由中国财政部发布。因此其框架是以规则为基础(Rule-Based)。所有的企业都要遵照通用的会计体系进行财务报告,会计人员进行专业判断的空间很小,而美国自 2003 年以来,采用以原则为基础(Principle-Based)的框架,给予会计人员更多自由。(3)文化环境。在中国历史和文化背景下,人们想法比较传统,习惯于稳健安全的会计原则,但是情况随新会计准则的实行正在逐渐改变。

第四节 敏感性分析

为了检验主分析结果的强健性,本书进行了大量的敏感性分析,包括用每个企业的时间序列样本进行分析、Fama-Macbeth 回归、制度效果控制分析、采用改进变量进行分析和延长估计期间等方法。

一、时间序列样本分析

为了更好地对个别企业因素对盈余属性的影响进行控制，我对由 508 家企业组成的 6 131 个观测值构成的基本样本进行处理得到了时间序列样本后对其进行了回归。

首先，我用下面的等式估计出 CSV1：

$$CSV_{i,p} = \sum (- NOACC_{i,j})/n,$$

这里 i 是表示 508 个样本企业的下标，p 是期间标识，j 是表示年度的下标，n 是非缺失企业在 p 期间的观测值数量，因此企业 i 的 CSV1 是 1998 年至 2010 年期间 p 的负的累计非经营应计值，每个个别 CSV2 计量值也是用相同的方法导出。

为了估计盈余相关性、盈余可靠性和盈余有用性的值，本书利用从上述方法中得到的 1998 年至 2010 年期间的时间序列样本按企业和期间对模型（1）、模型（2）、模型（3）、模型（4）、模型（5）、模型（6）进行了回归。

此时间序列样本分析是在保留了对每个个别控制变量的取值后进行的回归。笔者用下面包含 TIME 变量的回归模型对本书的假设进行了检验。

$$FCFO_{i,j} = d_0 + d_1 CSV_{i,j} + d_2 SIZE_{i,j} + d_3 INT_{i,j}$$
$$+ d_4 TIME_{i,j} + \xi_{i,j} \tag{13}$$

$$FE_{i,j} = e_0 + e_1 CSV_{i,j} + e_2 SIZE_{i,j} + e_3 INT_{i,j}$$
$$+ e_4 TIME_{i,j} + \phi_{i,j} \tag{14}$$

$$EU_{i,j}=h_0+h_1FCFO_{i,j}+h_2FE_{i,j}+h_3SIZE_{i,j}$$
$$+h_4INT_{i,j}+h_5NE_{i,j}+h_6TIME_{i,j}+\zeta_{i,j}$$

$$(15)$$

这里，

$EU_{i,j}$：j 年度 i 企业的盈余有用性（基于增量 R^2 方法）；

$FCFO_{i,j}$：j 年度 i 企业的盈余相关性（基于增量 R^2 方法）；

$FE_{i,j}$：j 年度 i 企业的盈余可靠性（基于增量 R^2 方法）；

$CSV_{i,j}$：j 年度 i 企业的稳健性计量值（$CSV1$ 和 $CSV2$）；

$SIZE_{i,j}$：以总资产的自然对数来计量的 j 年度 i 企业的企业规模；

$INT_{i,j}$：表明 j 年度 i 企业是否属于无形资产密集型行业的指示变量；

$NE_{i,j}$：负盈余的指示变量；

$TIME_{i,j}$：时间序列样本的期间。

表 6.4.1 和表 6.4.2 中列出了模型（13）、模型（14）和模型（15）的检验结果。模型（14）中的 $CSV2$ 的系数显著为负（系数为 -0.09573，t 值为 -5.43，在小于 1% 的水平上显著），表明当稳健性以稳健性指数为代理变量时，稳健性与当期盈余预测未来盈余的能力之间呈负相关。模型（15）中的 $FCFO$ 和 FE 的系数都是正数（$FCFO$ 的系数为 0.02216，t 值为 0.37，FE 的系数为 0.07009，t 值为 1.72），但只有 FE 的系数在小于 10% 的水平上显著，考虑到计量 $FCFO$、FE 和 EU 时的回归模型估值期间比较短，时间序列样本回归分析的不够强有力的结果并不令人吃惊。

表 6.4.1　相关性和可靠性回归(时间序列样本)

模型(13)：$FCFO_{i,j} = d_0 + d_1 CSV_{i,j} + d_2 SIZE_{i,j} + d_3 INT_{i,j} + d_4 TIME_{i,j} + \xi_{i,j}$

变　量	估计符号	CSV1 系　数	CSV1 t 值	CSV2 系　数	CSV2 t 值
Intercept	?	−0.171 08	−1.06	−0.096 15	−0.57
CSV1	+	−0.027 77	−0.19		
CSV2	+			−0.016 31	−1.36
TIME	+	0.005 04	0.99	0.004 82	0.95
SIZE	+	0.010 3	1.47	0.008 09	1.13
INT	?	0.008 53	0.68	0.007 25	0.58
F-value		0.93		1.39	
R^2		0.007 3		0.010 9	
N		508		508	

模型(14)：$FE_{i,j} = e_0 + e_1 CSV_{i,j} + e_2 SIZE_{i,j} + e_3 INT_{i,j} + e_4 TIME_{i,j} + \phi_{i,j}$

变　量	估计符号	CSV1 系　数	CSV1 t 值	CSV2 系　数	CSV2 t 值
Intercept	?	−0.204 5	−0.84	0.224 52	0.9
CSV1	−	0.063 75	0.28		
CSV2	−			−0.095 73	−5.43***
TIME	−	0.005 52	0.71	0.003 66	0.49
SIZE	+	0.015 82	1.49	0.004 02	0.38
INT	?	−0.004 49	−0.24	−0.012 48	−0.67
F-value		0.76		8.16***	
R^2		0.006		0.060 9	
N		508		508	

变量定义：FCFO：盈余相关性(基于增量 R^2 方法)；FE：盈余可靠性(基于增量 R^2 方法)；CSV1：负的累计非经常应计；CSV2：稳健性指数；TIME：时间序列样本的期间；SIZE：以总资产的自然对数来计量的企业规模；INT：表明是否属于无形资产密集型行业的指示变量。

注：*、**、*** 分别表示在小于 10%、5%、1% 的水平上显著。

表 6.4.2　盈余有用性回归(时间序列样本)

模型(15)：$EU_{i,j} = h_0 + h_1 FCFO_{i,j} + h_2 FE_{i,j} + h_3 SIZE_{i,j} + h_4 INT_{i,j}$
$\qquad\qquad + h_5 NE_{i,j} + h_6 TIME_{i,j} + \zeta_{i,j}$

变　量	估计符号	系　数	t 值
Intercept	?	0.742 48	3.4***
FCFO	+	0.022 16	0.37
FE	+	0.070 09	1.72*
SIZE	+	−0.014 87	−1.57
TIME	−	−0.020 82	−3.1***
INT	−	−0.015 01	−0.91
NE	−	−0.107 3	−1.12
F-value		2.98	
R^2		0.034 4	
N		508	

变量定义：EU：盈余有用性(基于增量 R^2 方法)；$FCFO$：盈余相关性(基于增量 R^2 方法)；FE：盈余可靠性(基于增量 R^2 方法)；$CSV1$：负的累计非经常应计；$CSV2$：稳健性指数；$SIZE$：以总资产的自然对数来计量的企业规模；$TIME$：时间序列样本的期间；INT：表明是否属于无形资产密集型行业的指示变量；NE：如果 $E < 0$ 则取值为 1，否则为 0。

注：*、**、*** 分别表示在小于 10%、5%、1% 的水平上显著。

二、Fama-macbeth 回归

为解决横截面分析中误差项存在潜在相关性问题，笔者按照年度进行了回归，并报告了平均系数和相关的 t 统计值。[1]表 6.4.3 和表 6.4.4 报告了模型(7)、模型(8)和模型(9)采用 Fama-Macbeth 回归的结果，虽然大部分变量的系数与假设中的预测符号一致，但只有模型(8)中的 CSV2 显著为负(系数是 −0.074 110 4，t 值是 −2.53，在小于 5% 的水平上显著)。

表 6.4.3　相关性和可靠性回归（Fama-Macbeth）

模型（7）：$FCFO_{i,j} = d_0 + d_1 CSV_{i,j} + d_2 SIZE_{i,j} + d_3 INT_{i,j} + \xi_{i,j}$

变　量	估计符号	CSV1		CSV2	
		系　数	t 值	系　数	t 值
Intercept	?	−0.052 486 5	−1.06	−0.089 357	−1.47
CSV1	+	−0.058 160 1	−0.17		
CSV2	+			0.025 923 5	1.27
SIZE	+	0.004 920 8	1.96*	0.004 779 8	2.14**
INT	?	−0.002 461 3	−0.23	−0.002 788	−0.23
N		13		13	

模型（8）：$FE_{i,j} = e_0 + e_1 CSV_{i,j} + e_2 SIZE_{i,j} + e_3 INT_{i,j} + \phi_{i,j}$

变　量	估计符号	CSV1		CSV2	
		系　数	t 值	系　数	t 值
Intercept	?	0.372 458	3.44***	0.394 313 8	3.82***
CSV1	−	−1.218 103 2	−1.46		
CSV2	−			−0.074 110 4	−2.53**
SIZE	+	−0.001 315 1	−0.30	0.001 983 8	0.47
INT	?	0.005 943 5	0.15	0.013 117 3	0.36
N		13		13	

变量定义：*FCFO*：盈余相关性（基于增量 R^2 方法）；*FE*：盈余可靠性（基于增量 R^2 方法）；*CSV1*：负的累计非经常应计；*CSV2*：稳健性指数；*SIZE*：以总资产的自然对数来计量的企业规模；*INT*：表明是否属于无形资产密集型行业的指示变量。

注：*、**、*** 分别表示在小于 10％、5％、1％ 的水平上显著。

表 6.4.4　盈余有用性回归（Fama-Macbeth）

模型（9）：$EU_{i,j} = h_0 + h_1 FCFO_{i,j} + h_2 FE_{i,j} + h_3 SIZE_{i,j} + h_4 INT_{i,j}$
$\qquad\qquad + h_5 NE_{i,j} + \zeta_{i,j}$

变　量	估计符号	系　数	t 值
Intercept	?	0.073 048 6	0.96
FCFO	+	0.139 718 6	1.2
FE	+	0.098 490 4	1.63
SIZE	+	−0.001 270 8	−0.46

变　量	估计符号	系　数	t 值
INT	－	$-0.024\,649\,6$	-2.95^{***}
NE	－	$0.004\,362\,1$	0.91
N		13	

变量定义：EU：盈余有用性（基于增量 R^2 方法）；$FCFO$：盈余相关性（基于增量 R^2 方法）；FE：盈余可靠性（基于增量 R^2 方法）；$CSV1$：负的累计非经常应计；$CSV2$：稳健性指数；$SIZE$：以总资产的自然对数来计量的企业规模；INT：表明是否属于无形资产密集型行业的指示变量；NE：如果 $E<0$ 则取值为 1，否则为 0；$D2007$：表明新会计准则实行前后期间的指示变量，期间为新会计准则实行之后则为 1，否则为 0。

注：*、**、*** 分别表示在小于 10%、5%、1%的水平上显著。

三、制度效果控制分析

为控制新会计准则对盈余相关性、盈余可靠性和盈余有用性的影响，笔者还在基本假设检验模型中增加了 $D2007$ 变量进行了回归。

$$FCFO_{i,j}=d_0+d_1CSV_{i,j}+d_2SIZE_{i,j}+d_3INT_{i,j}$$
$$+d_4D2007_{i,j}+\xi_{i,j} \tag{16}$$

$$FE_{i,j}=e_0+e_1CSV_{i,j}+e_2SIZE_{i,j}+e_3INT_{i,j}$$
$$+e_4D2007_{i,j}+\phi_{i,j} \tag{17}$$

$$EU_{i,j}=h_0+h_1FCFO_{i,j}+h_2FE_{i,j}+h_3SIZE_{i,j}+h_4INT_{i,j}$$
$$+h_5NE_{i,j}+h_6D2007_{i,j}+\zeta_{i,j} \tag{18}$$

这里，

$EU_{i,j}$：j 年度 i 企业的盈余有用性（基于增量 R^2 方法）；

$FCFO_{i,j}$：j 年度 i 企业的盈余相关性（基于增量 R^2 方法）；

$FE_{i,j}$：j 年度 i 企业的盈余可靠性（基于增量 R^2 方法）；

$CSV_{i,j}$：j 年度 i 企业的稳健性计量值（$CSV1$ 和 $CSV2$）；

$SIZE_{i,j}$：以总资产的自然对数来计量的 j 年度 i 企业的企业规模；

$INT_{i,j}$：表明 j 年度 i 企业是否属于无形资产密集型行业的指示变量；

$NE_{i,j}$：负盈余的指示变量；

$D2007_{i,j}$：表明新会计准则实行前后期间的指示变量，期间为新会计准则实行之后则为 1，否则为 0。

表 6.4.5 和表 6.4.6 列出了模型（16）、模型（17）和模型（18）的检验结果。除了模型中的 $CSV1$ 的系数之外，其他主要变量的系数都与预期符号一致且显著。特别是，在主分析中不显著的 $FCFO$ 的系数在模型（18）中显著为正（系数为 0.038 95，t 值为 2.11，在小于 5% 的水平上显著），表明盈余相关性与盈余有用性正相关，支持假设 2.1。

表 6.4.5　相关性和可靠性回归（制度效果控制分析）

模型（16）：$FCFO_{i,j} = d_0 + d_1 CSV_{i,j} + d_2 SIZE_{i,j} + d_3 INT_{i,j} + d_4 D2007_{i,j} + \xi_{i,j}$

变　量	估计符号	CSV1		CSV2	
		系　数	t 值	系　数	t 值
Intercept	?	−0.032 97	−1.96**	−0.034 43	−2.05**
CSV1	+	0.029 92	1.2		
CSV2	+			0.005 41	3.57***
D2007	?	−0.018 27	−10.52***	−0.020 18	−11.26***
SIZE	+	0.003 93	4.99***	0.003 64	4.6***
INT	?	−0.004 73	−2.92***	−0.004 67	−2.89***
F-value		31.94***		34.83***	
R^2		0.020 4		0.022 2	
N		6 131		6 131	

（续表）

模型(17)：$FE_{i,j} = e_0 + e_1 CSV_{i,j} + e_2 SIZE_{i,j} + e_3 INT_{i,j} + e_4 D2007_{i,j} + \phi_{i,j}$

变　量	估计符号	CSV1		CSV2	
		系　数	t 值	coefficient	t-value
Intercept	?	0.226 8	4.67***	0.238 5	4.96***
CSV1	—	−0.238 26	−3.3***		
CSV2	—			−0.044 64	−10.28***
D2007	?	0.023 32	4.65***	0.039 01	7.59***
SIZE	+	0.003 29	1.45	0.005 77	2.55***
INT	?	0.006 92	1.48	0.006 42	1.38
F-value		11.76***		35.59***	
R^2		0.007 6		0.022 7	
N		6 131		6 131	

　　变量定义：FCFO：盈余相关性（基于增量 R^2 方法）；FE：盈余可靠性（基于增量 R^2 方法）；CSV1：负的累计非经常应计；CSV2：稳健性指数；D2007：表明新会计准则实行前后期间的指示变量，期间为新会计准则实行之后则为 1，否则为 0；SIZE：以总资产的自然对数来计量的企业规模；INT：表明是否属于无形资产密集型行业的指示变量。

　　注：*、**、*** 分别表示在小于 10%、5%、1% 的水平上显著。

表 6.4.6　盈余有用性回归（制度效果控制分析）

模型(18)：$EU_{i,j} = h_0 + h_1 FCFO_{i,j} + h_2 FE_{i,j} + h_3 SIZE_{i,j} + h_4 INT_{i,j} + h_5 NE_{i,j} + h_6 D2007_{i,j} + \zeta_{i,j}$

Variable	predict sign	coefficient	t-value
Intercept	?	0.084 61	3.48***
FCFO	+	0.038 95	2.11**
FE	+	0.074 77	11.67***
SIZE	+	−0.002 36	−2.08**
D2007	+	0.048 14	19.11***
INT	—	−0.020 08	−8.62***

Variable	predict sign	coefficient	t-value
NE	—	0.012 27	2.7***
F-value		107.9***	
R^2		0.095 6	
N		6 131	

变量定义：EU：盈余有用性（基于增量 R^2 方法）；$FCFO$：盈余相关性（基于增量 R^2 方法）；FE：盈余可靠性（基于增量 R^2 方法）；$CSV1$：负的累计非经常应计；$CSV2$：稳健性指数；$SIZE$：以总资产的自然对数来计量的企业规模；$D2007$：表明新会计准则实行前后期间的指示变量，期间为新会计准则实行之后则为 1，否则为 0；INT：表明是否属于无形资产密集型行业的指示变量；NE：如果 $E<0$ 则取值为 1，否则为 0。

注：*、**、*** 分别表示在小于 10%、5%、1% 的水平上显著。

四、相关性和可靠性改进变量的使用

笔者还用盈余相关性、盈余可靠性和盈余有用性的其他代理变量对假设进行了检验，即把（1）现金流量预测模型、（2）盈余预测模型、（3）盈余—价格模型的系数作为盈余相关性、盈余可靠性、盈余有用性的代理变量。

在表 6.4.7 和表 6.4.8 中，用系数估计值的回归结果与用增量 R^2 变量的结果相似，即稳健性与盈余相关性正相关，与盈余可靠性负相关，盈余相关性（盈余可靠性）与盈余有用性正相关。

表 6.4.9 列出了采用改进变量并控制新会计准则制度效果之后的回归结果，两个稳健性计量值在模型（10）中都显著为正，模型（11）中的 $CSV2$ 的系数与本书的预期一样，显著为负。$CSV*D2007$ 的系数能够考察稳健性对新会计准则实行前后会计稳健性对当期盈余预测未来现金流量（未来盈余）能力影响的差异。从结果中，我们可以观察到模型（10）中 $CSV2*D2007$ 的

表 6.4.7　相关性和可靠性回归（采用改进变量）

模型(7)：$FCFO_{i,j} = d_0 + d_1 CSV_{i,j} + d_2 SIZE_{i,j} + d_3 INT_{i,j} + \xi_{i,j}$

变　量	估计符号	CSV1		CSV2	
		系　数	t 值	系　数	t 值
Intercept	?	0.208 78	1.74	0.174 99	1.44
CSV1	+	1.812 79	9.7***		
CSV2	+			0.067 34	6.11***
SIZE	+	0.002 96	0.53	0.007 13	1.24
INT	?	−0.067 46	−5.55***	−0.064 01	−5.24***
F-value		40.16***		21.13***	
R^2		0.019 3		0.010 2	
N		6 131		6 131	

模型(8)：$FE_{i,j} = e_0 + e_1 CSV_{i,j} + e_2 SIZE_{i,j} + e_3 INT_{i,j} + \phi_{i,j}$

变　量	估计符号	CSV1		CSV2	
		系　数	t 值	coefficient	t-value
Intercept	?	0.554 56	6.77***	0.473 25	5.84***
CSV1	−	−0.094 88	−0.75		
CSV2	−			−0.098 13	−13.31***
SIZE	+	0.003 62	0.96	0.015 23	3.98***
INT	?	−0.018 29	−2.21**	−0.020 41	−2.5***
F-value		2.07*		60.99***	
R^2		0.001		0.029	
N		6 131		6 131	

变量定义：$FCFO$：盈余相关性（基于增量 R^2 方法）；FE：盈余可靠性（基于增量 R^2 方法）；$CSV1$：负的累计非经常应计；$CSV2$：稳健性指数；$SIZE$：以总资产的自然对数来计量的企业规模；INT：表明是否属于无形资产密集型行业的指示变量。

注：*、**、***分别表示在小于 10%、5%、1%的水平上显著。

表 6.4.8　盈余有用性回归(采用改进变量)

模型(9)：$EU_{i,j} = h_0 + h_1 FCFO_{i,j} + h_2 FE_{i,j} + h_3 SIZE_{i,j} + h_4 INT_{i,j} + h_5 NE_{i,j} + \zeta_{i,j}$

变　量	估计符号	系　数	t 值
Intercept	?	9.265 12	7.63***
FCFO	+	0.685 72	5.1***
FE	+	0.042 26	0.21
SIZE	+	0.507 92	9.11***
INT	−	−0.990 43	−8.1***
NE	−	−0.842 07	−3.53***
F-value			37.56***
R^2			0.029 7
N			5 623

变量定义：EU：盈余有用性(基于增量 R^2 方法)；$FCFO$：盈余相关性(基于增量 R^2 方法)；FE：盈余可靠性(基于增量 R^2 方法)；$CSV1$：负的累计非经常应计；$CSV2$：稳健性指数；$SIZE$：以总资产的自然对数来计量的企业规模；INT：表明是否属于无形资产密集型行业的指示变量；NE：如果 $E < 0$ 则取值为 1,否则为 0。

注：*、**、*** 分别表示在小于 10%、5%、1% 的水平上显著。

表 6.4.9　新会计准则影响下的相关性和可靠性回归(采用改进变量)

模型(10)：$FCFO_{i,j} = f_0 + f_1 CSV_{i,j} + f_2 CSV_{i,j} * D2007_{i,j} + f_3 SIZE_{i,j} + f_4 INT_{i,j} + f_5 D2007_{i,j} + \xi_{i,j}$

变　量	估计符号	CSV1		CSV2	
		系　数	t 值	系　数	t 值
Intercept	?	−0.151 86	−1.22	−0.130 84	−1.05
CSV1	+	1.258 62	13.84***		
CSV2	+			0.051 86	3.83***
*CSV * D2007*	?	−0.025 17	−0.11	−0.342 55	−13.85***
D2007	−	−0.067 48	−3.88***	−0.579 87	−11.96***
SIZE	+	0.018 24	3.15***	0.012 26	2.09**
INT	?	−0.065 38	−5.48***	−0.033 14	−2.72***
F-value		74.54***		56.45***	
R^2		0.057 4		0.044 1	
N		6 131		6 131	

（续表）

模型(11)：$FE_{i,j} = g_0 + g_1 CSV_{i,j} + g_2 CSV_{i,j} * D2007_{i,j} + g_3 SIZE_{i,j} + g_4 INT_{i,j} + g_5 D2007_{i,j} + \phi_{i,j}$

变 量	估计符号	CSV1		CSV2	
		系 数	t 值	系 数	t 值
Intercept	?	0.507 15	5.89	0.512 78	6.04 ***
CSV1	−	−0.200 74	−1.25		
CSV2	−			−0.098 27	−10.68 ***
*CSV * D2007*	?	0.225 61	0.85	−0.011 28	−0.67
D2007	+	0.024 12	2.00	0.037 09	1.12
SIZE	+	0.006 24	1.55	0.013 17	3.3 ***
INT	?	−0.018 35	−2.21	−0.019 59	−2.36 ***
F-value		2.13 *		37.3 ***	
R^2		0.001 7		0.029 6	
N		6 131		6 131	

变量定义：FCFO：盈余相关性（基于增量 R^2 方法）；FE：盈余可靠性（基于增量 R^2 方法）；CSV1：负的累计非经常应计；CSV2：稳健性指数；SIZE：以总资产的自然对数来计量的企业规模；INT：表明是否属于无形资产密集型行业的指示变量；D2007：表明新会计准则实行前后期间的指示变量，期间为新会计准则实行之后则为1，否则为0。

注：*、**、*** 分别表示在小于 10%、5%、1%的水平上显著。

系数在统计上显著为负（系数为−0.342 55，t 值为−13.85，在小于 1%的水平上显著），表明新会计准则的采用削弱了会计稳健性和当期盈余预测未来现金流量的能力之间的关系。

表 6.4.10 列出了模型(12)采用改进估计值后的检验结果，FCFO * D2007 和 FE * D2007 的系数分别显著为正和显著为负，说明盈余相关性与盈余有用性之间的关系在 2007 年新会计准则推行之后加强，而盈余可靠性与盈余有用性之间的关系则在 2007 年以后变弱，这些结果与本书前述的主分析结果一致。

表 6.4.10 新会计准则影响下的盈余有用性回归(采用改进变量)

模型(12):$EU_{i,j} = k_0 + k_1 FCFO_{i,j} + k_2 FE_{i,j} + k_3 FCFO_{i,j} * D2007_{i,j}$
$+ k_4 FE_{i,j} * D2007_{i,j} + k_5 SIZE_{i,j} + k_6 INT_{i,j}$
$+ k_7 NE_{i,j} + k_8 D2007_{i,j} + \rho_{i,j}$

变 量	估计符号	系 数	t 值
Intercept	?	−0.102 71	−0.08
FCFO	+	0.612 22	4.04***
FE	+	0.112 37	0.52
FCFO * D2007	?	0.635 45	2.23**
FE * D2007	?	−0.074 336	−1.66*
SIZE	+	0.031 88	0.57
INT	−	−0.984 45	−8.36***
NE	−	0.580 67	2.56***
D2007	+	0.515 33	12.02***
F-value		106.7***	
R^2		0.122 4	
N		6 131	

变量定义:EU:盈余有用性(基于增量 R^2 方法);$FCFO$:盈余相关性(基于增量 R^2 方法);FE:盈余可靠性(基于增量 R^2 方法);$CSV1$:负的累计非经常应计;$CSV2$:稳健性指数;$SIZE$:以总资产的自然对数来计量的企业规模;INT:表明是否属于无形资产密集型行业的指示变量;NE:如果 $E < 0$ 则取值为 1,否则为 0;$D2007$:表明新会计准则实行前后期间的指示变量,期间为新会计准则实行之后则为 1,否则为 0。

注:*、**、*** 分别表示在小于 10%、5%、1% 的水平上显著。

五、计量期间调整

在前面的研究设计中,相关性和可靠性分别被定义为当期盈余预测下一年现金流量和盈余的能力。2001 年 S.P.科撒里(S.P.Korthari)认为扩展估计期间能够减少由于价格引导盈余而造成的变量偏误和变量缺失问题。[2] J.T.多伊尔(J.T.Doyle)、R.J.伦德霍尔姆(R.J.Lundholm)、J.T.索利曼(J.T.Soliman)认为一些稳健性的报告项目,如商誉减值损失和其他资产冲销对未来现金流量和未来盈余的影响超过一年[3]，因此，我把预测期间延长为两年，使用两年预测期间的情况下，主分析的结论仍然成立。具体地说，稳健性的代理变量 $CSV1$ 和 $CSV2$ 的系数在相关性和可靠性回归模型中分别为正数和负数。模型（9）中的结果支持假设 2.1 和假设 2.2。

表 6.4.11　相关性和可靠性回归（两年预测期）

模型（7）：$FCFO_{i,j} = d_0 + d_1 CSV_{i,j} + d_2 SIZE_{i,j} + d_3 INT_{i,j} + \xi_{i,j}$

变　量	估计符号	CSV1		CSV2	
		系　数	t 值	系　数	t 值
Intercept	?	0.025 3	1.85 *	0.024 43	1.79
CSV1	＋	0.083 44	4.12 ***		
CSV2	＋			0.005 7	4.55 ***
SIZE	＋	0.000 573 49	0.9	0.000 929 36	1.44
INT	?	0.003 66	2.74 ***	0.003 68	2.75 ***
F-value		8.57 ***		9.82 ***	
R^2		0.004 6		0.005 2	
N		5 623		5 623	

模型（8）：$FE_{i,j} = e_0 + e_1 CSV_{i,j} + e_2 SIZE_{i,j} + e_3 INT_{i,j} + \phi_{i,j}$

变　量	估计符号	CSV1		CSV2	
		系　数	t 值	coefficient	t-value
Intercept	?	0.132 07	3.15 ***	0.129 34	3.09 ***
CSV1	－	−0.300 07	−4.83 ***		
CSV2	－			−0.019 77	−5.15 ***
SIZE	＋	0.003 43	1.77 *	0.004 64	2.35 ***
INT	?	−0.030 44	−7.41 ***	−0.030 36	−7.39 ***
F-value		25.86 ***		26.92 ***	
R^2		0.013 6		0.014 2	
N		5 623		5 623	

变量定义：*FCFO*：盈余相关性（基于增量 R^2 方法）；*FE*：盈余可靠性（基于增量 R^2 方法）；*CSV1*：负的累计非经常应计；*CSV2*：稳健性指数；*SIZE*：以总资产的自然对数来计量的企业规模；*INT*：表明是否属于无形资产密集型行业的指示变量。

注：* 、** 、*** 分别表示在小于 10%、5%、1% 的水平上显著。

表 6.4.12　　盈余有用性回归（两年预测期）

模型(9)：$EU_{i,j} = h_0 + h_1 FCFO_{i,j} + h_2 FE_{i,j} + h_3 SIZE_{i,j} + h_4 INT_{i,j}$
$\qquad\qquad + h_5 NE_{i,j} + \zeta_{i,j}$

Variable	predict sign	coefficient	t-value
Intercept	?	−0.078 78	−3.14 ***
FCFO	+	0.256 79	10.36 ***
FE	+	0.155 68	19.28 ***
SIZE	+	0.005 14	4.44 ***
INT	−	−0.015 47	−6.28 ***
NE	−	0.012 31	2.58 ***
F-value			132.27 ***
R^2			0.105 3
N			5 623

变量定义：*EU*:盈余有用性（基于增量 R^2 方法）；*FCFO*:盈余相关性（基于增量 R^2 方法）；*FE*:盈余可靠性（基于增量 R^2 方法）；*CSV1*:负的累计非经常应计；*CSV2*:稳健性指数；*SIZE*:以总资产的自然对数来计量的企业规模；*INT*:表明是否属于无形资产密集型行业的指示变量；*NE*:如果 $E < 0$ 则取值为 1,否则为 0。

注：*、**、*** 分别表示在小于 10%、5%、1%的水平上显著。

　　表 6.4.13 报告了检验假设 3.1 和假设 3.2 的模型(10)和模型(11)的结果,稳健性的代理变量（*CSV1* 和 *CSV2*）的系数在模型(10)中依然为正,在模型(11)中依然为负,与主分析结果一致;交叉项 *CSV * D2007* 的系数在模型(10)和模型(11)中显著为负,与表 4.3.3 的结果一致。

　　表 6.4.14 报告了模型(12)的结果,*FCFO * D2007* 的系数是显著的,表明新会计准则的推行影响了盈余有用性与当期盈余预测未来现金流量的能力之间的关系。

　　当笔者采用未来两年现金流量之和与未来两年盈余之和作为模型的因变量时,除了模型(7)中 *CSV2* 之外,所有的其他主要变量的系数都是显著的,且与本书的假设 1 和假设 2 是一致的。

表 6.4.13 新会计准则影响下的相关性和可靠性回归(两年预测期)

模型(10): $FCFO_{i,j} = f_0 + f_1 CSV_{i,j} + f_2 CSV_{i,j} * D2007_{i,j} + f_3 SIZE_{i,j}$
$+ f_4 INT_{i,j} + f_5 D2007_{i,j} + \xi_{i,j}$

变 量	估计符号	CSV1		CSV2	
		系 数	t 值	系 数	t 值
Intercept	?	−0.000 901 91	−0.06	−0.000 013 49	−0.00
CSV1	+	0.165 61	3.9***		
CSV2	+			0.002 59	1.77*
*CSV * D2007*	−	−0.150 21	−6.1***	−0.005 17	−1.67*
D2007	−	−0.016 49	−8.22***	−0.000 064 24	−0.01
SIZE	+	0.002 03	3.08***	0.001 93	2.91***
INT	?	0.003 62	2.72***	0.004 07	3.03***
F-value		19.61***		14.35***	
R^2		0.017 2		0.012 6	
N		5 623		5 623	

模型(11): $FE_{i,j} = g_0 + g_1 CSV_{i,j} + g_2 CSV_{i,j} * D2007_{i,j} + g_3 SIZE_{i,j}$
$+ g_4 INT_{i,j} + g_5 D2007_{i,j} + \phi_{i,j}$

变 量	估计符号	CSV1		CSV2	
		系 数	t 值	系 数	t 值
Intercept	?	0.236 19	5.45***	0.246 25	5.72***
CSV1	−	−0.270 65	−3.58***		
CSV2	−			−0.023 42	−5.26***
*CSV * D2007*	+	0.037 37	0.29	−0.028 68	−3.05***
D2007	+	0.039 14	6.36***	0.103 56	5.73***
SIZE	+	−0.001 94	−0.96	−0.001 13	−0.56
INT	?	−0.030 52	−7.48***	−0.029 53	−7.22***
F-value		31.19***		41.46***	
R^2		0.027		0.035 6	
N		5 623		5 623	

变量定义:FCFO:盈余相关性(基于增量 R^2 方法);FE:盈余可靠性(基于增量 R^2 方法);CSV1:负的累计非经常应计;CSV2:稳健性指数;SIZE:以总资产的自然对数来计量的企业规模;INT:表明是否属于无形资产密集型行业的指示变量;D2007:表明新会计准则实行前后期间的指示变量,期间为新会计准则实行之后则为1,否则为0。

注:*、**、*** 分别表示在小于 10%、5%、1%的水平上显著。

表 6.4.14　新会计准则影响下的盈余有用性回归(两年预测期)

模型(12)：$EU_{i,j} = k_0 + k_1 FCFO_{i,j} + k_2 FE_{i,j} + k_3 FCFO_{i,j} * D2007_{i,j}$
$+ k_4 FE_{i,j} * D2007_{i,j} + k_5 SIZE_{i,j} + k_6 INT_{i,j} + k_7 NE_{i,j}$
$+ k_8 D2007_{i,j} + \rho_{i,j}$

变　量	估计符号	系　数	t 值
Intercept	?	0.052 07	2.06**
FCFO	+	0.367 64	12.91***
FE	+	0.141 26	13.49***
*FCFO * D2007*	?	−0.226 26	−4.11***
*FE * D2007*	?	−0.020 05	−1.26
SIZE	+	−0.001 58	−1.34
INT	—	−0.017 23	−7.2***
NE	—	0.009 45	2.03**
D2007	+	0.062 15	14.51***
F-value		134.94***	
R^2		0.161 3	
N		5 623	

变量定义：*EU*:盈余有用性(基于增量 R^2 方法)；*FCFO*:盈余相关性(基于增量 R^2 方法)；*FE*:盈余可靠性(基于增量 R^2 方法)；*CSV1*:负的累计非经常应计；*CSV2*:稳健性指数；*SIZE*:以总资产的自然对数来计量的企业规模；*INT*:表明是否属于无形资产密集型行业的指示变量；*NE*:如果 $E < 0$ 则取值为 1,否则为 0；*D2007*:表明新会计准则实行前后期间的指示变量,期间为新会计准则实行之后则为 1,否则为 0。

注：*、**、*** 分别表示在小于 10%、5%、1%的水平上显著。

表 6.4.15　相关性和可靠性回归(以超前两年之和作为被预测值)

模型(7)：$FCFO_{i,j} = d_0 + d_1 CSV_{i,j} + d_2 SIZE_{i,j} + d_3 INT_{i,j} + \xi_{i,j}$

变　量	估计符号	CSV1		CSV2	
		系　数	t 值	系　数	t 值
Intercept	?	0.026 4	1.51	0.028 49	1.63*
CSV1	+	0.064 96	2.51***		
CSV2	+			0.000 604 84	0.38
SIZE	+	0.001 25	1.54	0.000 998 57	1.21
INT	?	−0.005 4	−3.15***	−0.005 19	−3.02***
F-value		5.84***		3.78***	
R^2		0.003 1		0.002	
N		5 623		5 623	

模型(8)：$FE_{i,j} = e_0 + e_1 CSV_{i,j} + e_2 SIZE_{i,j} + e_3 INT_{i,j} + \phi_{i,j}$

变 量	估计符号	CSV1		CSV2	
		系 数	t 值	系 数	t 值
Intercept	?	0.232 02	5.29***	0.217 41	4.98***
CSV1	—	−0.132 93	−2.04**		
CSV2	—			−0.033 14	−8.29***
SIZE	+	0.001 77	0.87	0.004 86	2.36***
INT	?	−0.011 31	−2.63***	−0.012 25	−2.86***
F-value		3.73**		25.26***	
R^2		0.002		0.013 3	
N		5 623		5 623	

变量定义：*FCFO*：盈余相关性（基于增量 R^2 方法）；*FE*：盈余可靠性（基于增量 R^2 方法）；*CSV1*：负的累计非经常应计；*CSV2*：稳健性指数；*SIZE*：以总资产的自然对数来计量的企业规模；*INT*：表明是否属于无形资产密集型行业的指示变量。

注：*、**、*** 分别表示在小于 10%、5%、1%的水平上显著。

表 6.4.16　盈余有用性回归（以超前两年数据之和作为被预测值）

模型(9)：$EU_{i,j} = h_0 + h_1 FCFO_{i,j} + h_2 FE_{i,j} + h_3 SIZE_{i,j} + h_4 INT_{i,j} + h_5 NE_{i,j} + \zeta_{i,j}$

变 量	估计符号	系 数	t-值
Intercept	?	−0.084 85	−3.32***
FCFO	+	0.125 42	6.35***
FE	+	0.128 14	16.29***
SIZE	+	0.005 36	4.55***
INT	—	−0.017 01	−6.81***
NE	—	0.015 93	3.27***
F-value		89.01***	
R^2		0.073 4	
N		5 623	

变量定义：*EU*：盈余有用性（基于增量 R^2 方法）；*FCFO*：盈余相关性（基于增量 R^2 方法）；*FE*：盈余可靠性（基于增量 R^2 方法）；*CSV1*：负的累计非经常应计；*CSV2*：稳健性指数；*SIZE*：以总资产的自然对数来计量的企业规模；*INT*：表明是否属于无形资产密集型行业的指示变量；*NE*：如果 $E < 0$ 则取值为 1，否则为 0。

注：*、**、*** 分别表示在小于 10%、5%、1%的水平上显著。

表 6.4.17   新会计准则影响下的相关性和可靠性回归
(以超前两年数据之和作为被预测值)

模型(10)：$FCFO_{i,j} = f_0 + f_1 CSV_{i,j} + f_2 CSV_{i,j} * D2007_{i,j} + f_3 SIZE_{i,j}$
$\qquad\qquad + f_4 INT_{i,j} + f_5 D2007_{i,j} + \xi_{i,j}$

变　量	估计符号	CSV1		CSV2	
		系　数	t 值	系　数	t 值
Intercept	?	0.003 05	0.17	0.000 984 08	0.05
CSV1	+	0.256 34	4.7 ***		
CSV2	+			0.003 36	1.79 *
*CSV * D2007*	−	−0.161 36	−5.11 ***	−0.002 29	−0.58
D2007	−	−0.018 82	−7.31 ***	−0.006 9	−0.91
SIZE	+	0.002 62	3.09 ***	0.002 19	2.57 ***
INT	?	−0.005 49	−3.21 ***	−0.004 93	−2.86 ***
F-value		14.24 ***		8.71 ***	
R^2		0.012 5		0.007 7	
N		5 623		5 623	

模型(11)：$FE_{i,j} = g_0 + g_1 CSV_{i,j} + g_2 CSV_{i,j} * D2007_{i,j} + g_3 SIZE_{i,j}$
$\qquad\qquad + g_4 INT_{i,j} + g_5 D2007_{i,j} + \phi_{i,j}$

变　量	估计符号	CSV1		CSV2	
		系　数	t 值	系　数	t 值
Intercept	?	0.276 35	6.06 ***	0.279 58	6.2 ***
CSV1	−	−0.126 03	−1.58		
CSV2	−			−0.029 41	−6.3 ***
*CSV * D2007*	+	0.032 48	0.24	−0.042 31	−4.29 ***
D2007	+	0.016 03	2.47 ***	0.107 34	5.67 ***
SIZE	+	−0.000 507 1	−0.24	0.001 30	0.61
INT	?	−0.011 35	−2.64 ***	−0.010 45	−2.43 ***
F-value		4.75 ***		25.9 ***	
R^2		0.004 2		0.022 5	
N		5 623		5 623	

变量定义：*FCFO*：盈余相关性(基于增量 R^2 方法)；*FE*：盈余可靠性(基于增量 R^2 方法)；*CSV1*：负的累计非经常应计；*CSV2*：稳健性指数；*SIZE*：以总资产的自然对数来计量的企业规模；*INT*：表明是否属于无形资产密集型行业的指示变量；*D2007*：表明新会计准则实行前后期间的指示变量，期间为新会计准则实行之后则为1,否则为 0。

注：* 、** 、*** 分别表示在小于 10%、5%、1%的水平上显著。

表 6.4.18 新会计准则影响下的盈余有用性回归
（以超前两年数据之和作为被预测值）

模型(12)：$EU_{i,j} = k_0 + k_1 FCFO_{i,j} + k_2 FE_{i,j} + k_3 FCFO_{i,j} * D2007_{i,j}$
$+ k_4 FE_{i,j} * D2007_{i,j} + k_5 SIZE_{i,j} + k_6 INT_{i,j} + k_7 NE_{i,j}$
$+ k_8 D2007_{i,j} + \rho_{i,j}$

Variable	predict sign	coefficient	t-value
Intercept	?	0.055 89	2.18**
FCFO	+	0.089 46	4.01***
FE	+	0.162 62	17.03***
*FCFO * D2007*	?	0.207 93	4.79***
*FE * D2007*	?	−0.116 17	−7.34***
SIZE	+	−0.002 09	−1.76*
INT	−	−0.018 04	−7.48***
NE	−	0.010 72	2.28*
D2007	+	0.074 55	14.41***
F-value			115.76
R^2			0.141 6
N			5 623

变量定义：EU：盈余有用性（基于增量 R^2 方法）；$FCFO$：盈余相关性（基于增量 R^2 方法）；FE：盈余可靠性（基于增量 R^2 方法）；$CSV1$：负的累计非经常应计；$CSV2$：稳健性指数；$SIZE$：以总资产的自然对数来计量的企业规模；INT：表明是否属于无形资产密集型行业的指示变量；NE：如果 $E < 0$ 则取值为 1，否则为 0；$D2007$：表明新会计准则实行前后期间的指示变量，期间为新会计准则实行之后则为 1，否则为 0。

注：*、**、***分别表示在小于 10％、5％、1％的水平上显著。

表 6.4.17 和表 6.4.18 报告了模型(10)、模型(11)和模型(12)检验新会计准则效果的结果。本书所有的主要结论都得到了支持。CSV 的系数—$CSV1$ 和 $CSV2$ 的系数在模型(10)中依然显著为正，$CSV2$ 的系数在模型(11)中为负，交叉项 $CSV1 * D2007$ 在模型(10)中，$CSV2 * D2007$ 在模型(11)中的系数显著为负，$FCFO$ 和 FE 的系数显著为正，$FCFO * D2007$ 和 $FE * D2007$ 的系数在模型(12)中分别显著为正和显著为负。

综上所述,敏感性分析中的大多数结果都与前面的主分析结果一致。它们为本书的研究假设提供了更多的支持性论据,体现了主分析结果的强健性。

注 释

[1] S.P.Korthari, 2001. Capital Markets Research in Accounting. *Journal of Accounting and Economics* 31:105~231.

[2] J.T.Doyle, R.J.Lundholm, and J.T.Soliman, 2003. The Predictive Value of Expenses Excluded from Pro Forma Earnings. *Review of Accounting Studies*: 145~174.

[3] E.Macbeth Fama, 1973. Risk, Return, and Equilibrium: Empirical Tests. *Journal of Political Economy* 81:607~636.

结　语

在会计学术界，财务报告数据的重要性和价值相关性问题一直都是被广泛研究的问题。先行研究表明，盈余的价值相关性在过去的数十年间一直呈下降的趋势。[1][2][3]因为相比好消息，坏消息的确认更及时会降低财务报表解释收益的能力，所以会计稳健性被看作是造成盈余的价值相关性下降的主要原因之一。另外，中国财政部在2006年2月15日发布了《企业会计准则》，并于2007年1月1日起在上市公司全面实行，在新会计准则中，引入了会影响会计稳健性的公允价值计量属性。

在这样的背景下，本书主要研究了如下三个问题：（1）会计稳健性和盈余相关性（盈余可靠性）之间的关系；（2）盈余相关性（盈余可靠性）与盈余有用性之间的关系；（3）企业会计准则对会计稳健性、盈余相关性、盈余可靠性、盈余有用性之间关系的影响。

笔者把盈余相关性和盈余可靠性分别定义为当期盈余预测未来现金流量的能力和当期盈余预测未来盈余的能力。关于会计稳健性的计量，笔者采用了两个代理变量，即累计非经营应计和由四种不同的会计稳健性计量值构成的会计稳健性指数，盈余相关性、盈余可靠性和盈余有用性的主要计量值是由先行研

究中使用的增量 R^2 方法得到的。在采用从 1998 年至 2010 年间在上海证券交易所和深圳证券交易所上市公司的 6 131 个企业—年度观测值作为样本进行实证分析后得出了以下结论：

首先，会计稳健性与当期盈余预测未来现金流量的能力正相关，会计稳健性与当期盈余预测未来盈余的能力负相关。这表明，会计稳健性可以扼制管理者夸大盈余的机会主义行为从而提高盈余的相关性，但同时，会计稳健性也会使盈余在报告好消息和坏消息具有不对称性，使盈余中产生偏误或差错，从而降低盈余的可靠性。

其次，股票价格与盈余之间的关系和当期盈余预测未来现金流量的能力正相关（在敏感性分析中），股票价格与盈余之间的关系和当期盈余预测未来盈余的能力呈正相关。这表明盈余有用性不仅会受现金流量预测能力的影响，还会受盈余预测能力的影响，换句话说，就是盈余有用性同时受盈余相关性、盈余可靠性的影响。

最后，笔者还发现会计稳健性和当期盈余预测未来现金流量的能力的关系，以及股票价格—盈余的关系和可靠性之间的关系在《企业会计准则》引入之后变弱了，而会计稳健性和当期盈余预测未来盈余的能力之间的关系，股票价格—盈余关系和当期盈余预测未来现金流量之间的关系增强了。这些结果表明《企业会计准则》的实行，影响了会计稳健性、盈余相关性、盈余可靠性、盈余有用性之间的关系。

本研究的第一个局限在于一些 R^2 值不是很高，而这应该归结于一些数据在现在的数据库中还不可得。在笔者看来，当这些数据得以完善时，包含表示产业集中度和经营周期等控制变量的深入研究,应该会得到更高的 R^2 值。

另外,由于数据的限制,本研究的样本期间比较短,较短的样本期间可能是造成采用时间序列样本进行实证分析的结果不够显著的原因。用更长的样本期间的未来研究将可以更好地证明会计稳健性、盈余相关性、盈余可靠性、盈余有用性这些盈余属性之间的联系。

注　释

[1] S.Brown, K. Lo, and T. Lys, 1999. Use of R^2 in Accounting Research: Measuring Changes in Value Relevance Over the Last Four Decades. *Journal of Accounting and Economics* 28:83~115.

[2] Z.Gu, 2007. Across-Sample Incomparability of R^2 and Addition Evidence on Value Relevance Changes Over Time. *Journal of Business Finance & Accounting* 34(7&8): 1073~1098.

[3] M.Kim and W.Kross, 2005. The Ability of Earnings to Predict Future Operating Cash Flows Has Been Increasing-Not Decreasing. *Journal of Accounting Research* 43: 753~780.

附　录

《企业会计准则》中适用公允价值条款

项目	号	条	内　容
投资性房地产	3	10	在有确凿证据表明投资性房地产的公允价值能够可靠取得的情况下，可以对投资性房地产采用公允价值模式进行后续计量。采用公允价值计量的，应当同时满足下列条件：(1)投资性房地产所在地有活跃的房地产交易市场；(2)企业能够从房地产交易市场上取得同类或类似房地产的市场价格及其他相关信息，从而对投资性房地产的公允价值做出合理的估计。
投资性房地产	3	11	采用公允价值计量的，不对投资性房地产计提折旧或进行摊销，应当以资产负债表日投资性房地产的公允价值为基础调整其账面价值，公允价值与原账面价值之间的差额计入当期损益。
生物资产	5	22	有确凿证据表明生物资产的公允价值能够持续可靠取得的，应当对生物资产采用公允价值进行计量。采用公允价值进行计量的，应当同时具备下列条件：(1)生物资产所在地有活跃的交易市场；(2)能够从交易市场上取得同类或类似生物资产的市场价格及其他相关信息，从而对生物资产的公允价值做出合理估计。
非货币性资产交换	7	4	非货币性资产交换同时满足下列条件的，应当以公允价值和应支付的相关税费作为换入资产的成本，公允价值与换出资产账面价值的差额计入当期损益：(1)该项交换具有商业实质；(2)换入资产或换出资产的公允价值能够可靠计量。换入资产和换出资产公允价值均能够可靠计量的，应当以换出资产的公允价值作为确定换入资产成本的基础，除非有确凿证据表明换入资产的公允价值更加可靠。
企业年金	10	6	企业年金基金在运营中根据国家规定的投资范围取得的国债、信用等级在投资级以上的金融债和企业债、可转换债、投资性保险产品、证券投资基金、股票等具有良好流动性的金融产品，其初始取得和后续估值应当以公允价值为基础：(1)初始取得投资时，应当以交易日支付的成交价款作为其公允价值入账。发生的交易费用直接计入当期损益。(2)估值日对投资进行估值时，应当以其公允价值调整原账面价值，公允价值与原账面价值的差额计入当期损益。投资公允价值的确定，适用《企业会计准则第22号——金融工具确认和计量》。

（续表）

序号	项目	号	条	内　　容
1	债务重组	12	6	将债务转为资本的,债务人应当将债权人放弃债权而享有股份的面值总额确认为股本（或者实收资本）,股份的公允价值总额与股本（或者实收资本）之间的差额确认为资本公积。 　　重组债务的账面价值与股份的公允价值总额之间的差额,确认为债务重组利得,计入当期损益。
2	债务重组	12	7	修改其他债务条件的,债务人应当将修改其他债务条件后债务的公允价值作为重组后债务的入账价值。重组债务的账面价值与重组后债务的入账价值之间的差额,确认为债务重组利得,计入当期损益。 　　修改后的债务条款如涉及或有应付金额,且该或有应付金额符合《企业会计准则第13号——或有事项》中有关预计负债确认条件的,债务人应当将该或有应付金额确认为预计负债。重组债务的账面价值,与重组后债务的入账价值与预计负债金额之和的差额,确认为债务重组利得,计入当期损益。
3	债务重组	12	10	以非现金资产清偿债务的,债权人应当对接受的非现金资产按其公允价值入账,重组债权的账面余额与接受的非现金资产的公允价值之间的差额,比照本准则第九条的规定处理。
4	债务重组	12	11	债务重组采用债务转为资本方式的,债权人应当将享有股份的公允价值确认为对债务人的投资,重组债权的账面余额与股份的公允价值之间的差额,比照本准则第九条的规定处理。
5	债务重组	12	12	债务重组以修改其他债务条件进行的,债权人应当将修改其他债务条件后的债权的公允价值作为重组后债权的账面价值,重组债权的账面余额与重组后债权的账面价值之间的差额,比照本准则第九条的规定处理。 　　修改后的债务条款中涉及或有应收金额的,债权人不应当确认或有应收金额,不得将其计入重组后债权的账面价值。 　　或有应收金额,是指需要根据未来某种事项出现而发生的应收金额,而且该未来事项的出现具有不确定性。
6	企业合并	20	12	买方在购买日对作为企业合并对价付出的资产、发生或承担的负债应当按照公允价值计量,公允价值与其账面价值的差额,计入当期损益。

(续表)

序号	项目	号	条	内　　容
7	企业合并	20	13	买方在购买日应当对合并成本进行分配,按照本准则第十四条的规定确认所取得的被购买方各项可辨认资产、负债及或有负债。 　　(1) 购买方对合并成本大于合并中取得的被购买方可辨认净资产公允价值份额的差额,应当确认为商誉。 　　初始确认后的商誉,应当以其成本扣除累计减值损失的金额计量。商誉的减值应当按照《企业会计准则第 8 号——资产减值》的有关规定处理。 　　(2) 购买方对合并成本小于合并中取得的被购买方可辨认净资产公允价值份额的差额,应当按照下列规定处理: 　　对取得的被购买方的各项可辨认资产、负债及或有负债的公允价值以及合并成本的计量进行复核; 　　经复核后合并成本仍小于合并中取得的被购买方可辨认净资产公允价值份额的,其差额应当计入当期损益。
8	企业合并	20	14	购买方可辨认净资产公允价值,是指合并中取得的被购买方可辨认资产的公允价值减去负债及或有负债公允价值后的余额,被购买方各项可辨认资产、负债及或有负债,符合下列条件的,应当单独予以确认。 　　(1) 合并中取得的被购买方除无形资产以外的其他各项资产(不仅限于被购买方原已确认资产),其所带来的未来经济利益预计能够流入企业且公允价值能够可靠计量的,应当按照公允价值确认。 　　合并中取得的无形资产,其公允价值能够可靠计量的,应当单独确认为无形资产并以公允价值计量。 　　(2) 合并中取得的被购买方除或有负债以外的其他各项负债,履行有关的义务很可能导致经济利益流出企业且公允价值能够可靠计量的,应当按照公允价值确认。 　　(3) 合并中取得的被购买方或有负债,其公允价值能够可靠计量的,应当按照公允价值单独确认为负债,或有负债在初始确认后,应当按照以下两者孰高进行后续计量:(1)按照《企业会计准则第 13 号——或有事项》应予确认的金额;(2)初始确认金额减去按照《企业会计准则第 14 号——收入》的原则确认的累计摊销额后的余额。
9	企业合并	20	17	企业合并中形成母子公司关系的,母公司应当编制购买日的合并资产负债表,其中包括的因企业合并取得的被购买方各项可辨认资产、负债及或有负债应当以公允价值列示。母公司的合并成本与取得的子公司净资产价值份额的差额,在按照本准则规定处理的结果列示。

序号	项目	号	条	内　　容
10			7	金融资产应当在初始确认时划分为下列四类： （1）以公允价值计量且其变动计入当期损益的金融资产，包括交易性金融资产和指定为以公允价值计量且其变动计入当期损益的金融资产； （2）持有至到期投资； （3）贷款和应收款项； （4）可供出售金融资产。
11			8	金融负债应当在初始确认时划分下列两类： （1）以公允价值计量且其变动计入当期损益的金融负债，包括交易性金融负债和指定为以公允价值计量且其变动计入当期损益的金融负债； （2）其他金融负债。
12	金融工具的确认和计量	22	21	企业可以将混合工具指定为以公允价值计量且其变动计入当期损益的金融资产或金融负债。但是，下列情况除外： （1）嵌入衍生工具对混合工具的现金流量没有重大改变； （2）类似混合工具所嵌入的衍生工具，明显不应当从相关混合工具中分拆。
			30	企业初始确认金融资产或金融负债，应当按照公允价值计量。对于以公允价值计量且其变动计入当期损益的金融资产或金融负债，相关交易费用应当直接计入当期损益；对于其他类别的金融资产或金融负债，相关交易费用应当计入初始确认金额。
			32	企业应当按照公允价值对金融资产进行后续计量，且不扣除将来处置该金融资产时可能发生的交易费用。但是，下列情况除外： （1）持有至到期投资以及贷款和应收款项，应当采用实际利率法，按摊余成本计量。 （2）在活跃市场中没有报价且其公允价值不能可靠计量的权益工具投资，以及与该权益工具挂钩并须通过交付该权益工具结算的衍生金融资产，应当按照成本计量。
			34	企业因持有意图或能力发生改变，使某项投资不再适合划分为持有至到期投资的，应当将其重分类为可供出售金融资产，并以公允价值进行后续计量。重分类日，该投资的账面价值与公允价值之间的差额计入所有者权益，在该可供出售金融资产发生减值或终止确认时转出，计入当期损益。

序号	项目	号	条	内　　　容
12	金融工具的确认和计量	22	35	持有至到期投资部分出售或重分类的金额较大，且不属于第十六条所指的例外情况，使该投资的剩余部分不再适合划分为持有至到期投资的，企业应当将该投资的剩余部分重分类为可供出售金融资产，并以公允价值进行后续计量。重分类日，该投资剩余部分的账面价值与其公允价值之间的差额计入所有者权益，在该可供出售金融资产发生减值或终止确认时转出，计入当期损益。
			36	对按照本准则规定应当以公允价值计量。但以前公允价值不能可靠计量的金融资产或金融负债，企业应当在其公允价值能够可靠计量改按公允价值计量，相关账面价值与公允价值之间的差额按照本准则第三十八条的规定进行处理。

主要参考文献

中文文献

李刚、夏冬林:《盈余持续性,盈余信息含量和投资组合回报》,《中国会计评论》2007年第2期,第207—218页。

刘斌、吴娅玲:《会计稳健性对盈余价值相关性的影响研究——基于公允价值计量的视角》,《财经理论与实践》2010年第5期,第57—62页。

刘斌、徐先知:《新会计准则国际趋同的效果研究——基于盈余稳健性视角的分析》,《财经论丛》2010年第2期,第78—84页。

罗婷、薛健、张海燕:《解析新会计准则对会计信息价值相关性的影响》,《中国会计评论》2008年第2期,第129—140页。

肖翔、王佳、杨程程:《新会计准则下公允价值对会计稳健性的影响》,《北京交通大学学报》(社会科学版)2012年第1期,第59—64页。

中国财政部:《企业会计准则:基本准则》,2006年。

中国财政部:《企业会计准则第2号——长期股权投资》,2006年。

中国财政部:《企业会计准则第7号——非货币性资产交

换》,2006年。

中国财政部:《企业会计准则第 36 号——关联方披露》,2006年。

中国财政部:《企业会计准则第 33 号——合并财务报表》,2006年。

中国财政部:《企业会计准则第 17 号——借款费用》,2006年。

中国财政部:《企业会计准则第 22 号——金融工具确认和计量》,2006年。

中国财政部:《企业会计准则第 20 号——企业合并》,2006年。

中国财政部:《企业会计准则第 10 号——企业年金基金》,2006年。

中国财政部:《企业会计准则第 5 号——生物资产》,2006年。

中国财政部:《企业会计准则第 14 号——收入》,2006年。

中国财政部:《企业会计准则第 3 号——投资性房地产》,2006年。

中国财政部:《企业会计准则第 6 号——无形资产》,2006年。

中国财政部:《企业会计准则第 12 号——债务重组》,2006年。

中国财政部:《企业会计准则第 8 号——资产减值》,2006年。

外文文献

B.Lev，1989，On the Usefulness of Earnings and Earnings Research: Lessons and Directions from Two Decades of Empirical Research. *Journal of Accounting Research* 27（Supplement）:153~192.

B.Lev and P.Zarowin，1999. The Boundaries of Financial Reporting and How to Extend Them. *Journal of Accounting Research* 37(2):353~385.

Balachandran Sudhakar and Mohanram Partha，2011. Is the Decline in Value Relevance of Accounting Driven by Conservatism? *Review of Accounting Studies* 16:272~301.

C. Hayn，1995. The Information Content of Losses. *Journal of Accounting and Economics* 20:125~153.

D.A.Dey Cohen and T.Z.Lys，2004. Trends in Earnings Management and Informativeness of Earnings Announcements in the Pre- and Post-Sarbanes Oxley Periods，Working paper，Northwestern University.

D.C.Nichols and J.M.Wahlen，2004. How Do Earnings Numbers Relate to Stock Returns: A Review of Classic Accounting Research with Updated Evidence. *Accounting Horizons* 18(4):263~286.

D.Givoly and C.Hayn，2000. The Changing Time-Series Properties of Earnings，Cash Flows and Accruals: Has Financial Reporting Become More Conservatism? *Journal of Accounting and Economics* 29:287~320.

D. S. Jenkins, G. D. Kane, and U. Velury, 2009. Earnings Conservatism and Value Relevance Across the Business Cycle. *Journal of Business Finance & Accounting* 36(9):1041~1058.

D. W. Collins, E. L. Maydew, and L. S. Weiss, 1997. Changes in the Value-Relevance of Earnings and Book Values Over the Past Forty Years. *Journal of Accounting and Economics* 24(1):143~181.

E. Amir and B. Lev, 1996. Value-Relevance of Non-financial Information: the Wireless Communications Industry. *Journal of Accounting and Economics* 22:3~30.

E. Barth, H. Beaver., and R. Landsman, 2001. The Relevance of Value Relevance Literature for Financial Accounting Standard Setting: Another View. *Journal of Accounting and Economics* 31:77~104.

E. Macbeth Fama, 1973. Risk, Return, and Equilibrium: Empirical Tests. *Journal of Political Economy* 81:607~636.

Financial Accounting Standards Board, 1978. Statement of financial accounting concepts No. 1: Objectives of financial reporting by business enterprises.

G. A. Feltham and J. A. Ohlson, 1995. Valuation and Clean Surplus Accounting for Operating and Financial Activities. *Contemporary Accounting Research* 11(2):689~731.

International Accounting Standards Board. 2001. Framework for Preparation and Presentation of Financial Statements.

J. Chang, 1999. The Decline in Value Relevance of Earnings

and Book Values. Working paper, Harvard University.

J. Francis and K. Schipper, 1999. Have Financial Statements Lost Their Relevance? *Journal of Accounting Research* 37(2):319~352.

J. H. Bliss, 1924. *Management Through Accounts*. New-York, NY: The Ronald Press Co.

J. Ohlson, 1995. Earnings, Book Values, and Dividends in Securing Valuation. *Contemporary Accounting Research* 11: 661~688.

J. Ou and S. Penman, 1989. Financial Statement Analysis and the Prediction of Stock Returns. *Journal of Accounting and Economics* 11:295~329.

J. Pae, D. B. Thornton, and M. Welker, 2005. The Link Between Earnings Conservatism and the Price-to-Book Ratio. *Contemporary Accounting Research* 22(3):693~717.

J. T. Doyle, R. J. Lundholm, and J. T. Soliman, 2003. The Predictive Value of Expenses Excluded from Pro Forma Earnings. *Review of Accounting Studies*:145~174.

Jinhan Pae, Danielb Thornton, and Michael Welker, 2005. The Link between Earnings Conservatism and the Price-to-Book Ratio. *Contemporary Accounting Research* 22 (3): 693~717.

K. H. Bae and S. W. Jeong, 2007. The Value-Relevance of Earnings and Book Value, Ownership Structure, and Business Group Affiliation: Evidence from Korean Business Group.

Journal of Business Finance & Accounting 34(5):740~766.

K.Schipper and L.Vincent, 2003. Earnings Quality. *Accounting Horizons* 17:235~250.

L.Maines and J.M.Wahlen, 2006. The nature of Accounting Information Reliability: Inferences from Archival and Experimental Research. *Accounting Horizons* 20(4):399~425.

M.Brimble and A.Hodgson, 2007. On the Inter-temporal Value Relevance of Conventional Financial Accounting In Australia. *Accounting and Finance* 47(4):599~622.

M.Khan and R.L.Watts, 2009. Estimation and Empirical Properties of a Firm-year Measure of Conservatism. *Journal of Accounting and Economics* 48(2):132~150.

M.Kim and W.Kross, 2005. The Ability of Earnings to Predict Future Operating Cash Flows Has Been Increasing-Not Decreasing. *Journal of Accounting Research* 43:753~780.

M.Kirschenheiter, 1997. Information Quality and Correlated Signals. *Journal of Accounting Research* 35(Spring):43~59.

M.P.Bauman, 1996. A Review of Fundamental Analysis Research in Accounting. *Journal of Accounting Literature* 15:1~33.

P.Dechow, S.Kothari, and R.Watts, 1998. The Relation Between Earnings and Cash Flows. *Journal of Accounting and Economics* 25:133~168.

Peter D.Easton and Trevor S.Harris, 1991. Earnings as an Explanatory Variable for Returns. *Journal of Accounting Re-*

search 29(1):19~36.

R. Ball and L. Shivakumar, 2006. The Role of Accruals in Asymmetrically Timely Gain and Loss Recognition. *Journal of Accounting Research* 44(2):207~242.

R. Ball and P. Brown, 1968. An Empirical Evaluation of Accounting and Marketing Data: Some Evidence. *Journal of Finance* 41(4):779~793.

R. Dye and S. Sridhar, 2004. Relevance-Reliability Trade-Offs and the Efficiency of Aggregation. *Journal of Accounting Research* 42:51~88.

R. Kormendi and R. Lipe, 1987. Earnings Innovations, Earnings Persistence and Stock Returns. *Journal of Business* 60:323~345.

R. L. Watts, 2003. Conservatism in Accounting, Part I : Explanations and Implications. *Accounting Horizons* 17(3): 207~221.

R. LaFond and R. L. Watts, 2008. The Information Role of Conservatism. *The Accounting Review* 83:447~478.

——, 1980. Statement of Financial Accounting Concepts No. 2: Qualitative Characteristics of Accounting Information Financial Accounting Standards Board.

S. Basu, 1997. The Conservatism Principle and the Asymmetric Timeliness of Earnings. *Journal of Accounting and Economics* 24(1):3~37.

S. Brown, K. Lo, and T. Lys, 1999. Use of R^2 in

Accounting Research: Measuring Changes in Value Relevance Over the Last Four Decades. *Journal of Accounting and Economics* 28:83~115.

S.P.Bandyopadhyay, C.L.Chen, A.G.Huang, and R.Jha, 2010. Accounting Conservatism and the Temporal Trends in Current Earnings, Ability to Predict Future Cash Flows versus Future Earnings: Evidence on the Trade-Off between Relevance and Reliability. *Contemporary Accounting Research* 27(2):413~460.

S.P.Korthari, 2001. Capital Markets Research in Accounting. *Journal of Accounting and Economics* 31:105~231.

S.Richardson, R.Sloan, M.Soliman, and L.I.Tuna, 2005. Accrual Reliability, Earnings Persistence and Stock Prices. *Journal of Accounting and Economics* 39:437~485.

S.Ryan, 2006. Identifying Conditional Conservatism. *European Accounting Review* 15:511~525.

Sharad C.Asthana and Yinqi Zhang, 2006. Effect of R&D Investments on Persistence of Abnormal Earnings. *Review of Accounting and Finance* 5(2):124~139.

Stephen H.Penman and Xiaojun Zhang, 2002. Accounting Conservatism, the Quality of Earnings, and Stock Returns. *The Accounting Review* 77(2):237~264.

Sugata Roychowdhury and Ross L.Watts, 2007. Asymmetric Timeliness of Earnings, Market-to-Book and Conservatism in Financial Reporting. *Journal of Accounting and Eco-*

nomics 44:2~31.

_____, 2004. Understanding the Conceptual Framework.

W.Beaver and M.Mcnichols, 1998. The Characteristics and Valuation of Loss Reserves of Property Casualty Insurers. *Review of Accounting Studies* 3:73~95.

W. Guay and R. Verrechia, 2006. Discussion of an Economic Framework for Conservative Accounting AND Bushman and Piotroski. *Journal of Accounting and Economics* 42(1-2):149~165.

William D.Brown, Haihong He, and K.Teitel, 2006. Conditional Conservatism and the Value Relevance of Accounting Earnings: An International Study. *European Accounting Review* 15(4):605~626.

Wooseok Choi, 2007. Bank Relationships and the Value Relevance of the Income Statement: Evidence from Income Statement Conservatism. *Journal of Business Finance & Accounting* 34(7&8):1051~1072.

Z.Gu, 2007. Across-Sample Incomparability of R^2 and Addition Evidence on Value Relevance Changes Over Time. *Journal of Business Finance & Accounting* 34(7&8):1073~1098.

后　记

　　谨慎性(稳健性)是会计信息质量要求之一,但会计在要求谨慎的过程中是否会影响会计信息的其他质量,比如会计信息的相关性和可靠性。这是本书想要研究的问题。具体地说,本书的研究主要围绕以下三个问题:(1)会计稳健性和相关性(可靠性)之间的关系;(2)相关性(可靠性)对盈余有用性的影响;(3)中国企业会计准则制度对会计信息的稳健性与相关性(可靠性)之间关系的影响。

　　进入 21 世纪之后,一些大型企业的经济丑闻不断发生,且这些破产企业在事发之前并没有给出正确的财务信号,使得人们对财务报表的可靠性产生了疑问,投资者们在某种程度上,对公开的财务报表中的会计信息的相关性和可靠性缺乏信心。由于财务报表数据的重要性,价值相关性一直以来都是会计领域研究的热门主题,而本书的研究只是为关于价值相关性的研究长河滴入了一滴水。

　　本研究与其他研究的不同之处首先在于本书对会计信息的相关性和可靠性分别进行了评估,大多数会计研究都只是把价值相关性研究作为相关性和可靠性的联合检验,只体现出相关性一方面的性质,使得研究者和规范制定者们越来越注重财务报告的相关性，而忽略了其可靠性。这种情况可以通过本书的研究得以缓解。

本书选用中国会计体系作为研究对象的原因在于中国现在是世界第二大资本市场，并且新兴经济发展极为迅速，中国的会计行业随之发生了很大的变化，中国建立了内容与国际会计惯例趋同的《企业会计准则》。本书对《企业会计准则》对会计信息的稳健性、相关性、可靠性及盈余有用性之间关系产生的影响进行了研究，其结论可以为中国和国际社会的未来会计政策提供参考。

本研究是对会计信息的稳健性对会计信息相关性和可靠性影响的研究，研究主体涉及所有的会计信息。在以后的研究中，人们可以对更具体的会计信息进行研究，比如商誉减值损失确认决策的价值相关性问题等。

釜山大学（韩国）崔钟序教授在本研究进行过程中不吝赐教，上海人民出版社的徐晓明编审在本书的编辑过程中给予悉心指导，本书是在他们的帮助下才得以出版面世。在这里，我要向他们表示由衷的感谢。

2017 年 6 月 7 日

图书在版编目(CIP)数据

会计要不要谨慎?:稳健性对会计信息相关性和可靠性之间权衡关系的影响/金美燕著.—上海:上海人民出版社,2017
ISBN 978-7-208-14680-8

Ⅰ.①会… Ⅱ.①金… Ⅲ.①会计信息-研究 Ⅳ.①F230

中国版本图书馆 CIP 数据核字(2017)第 177119 号

责任编辑 徐晓明
封面设计 包晨晖

会计要不要谨慎?

——稳健性对会计信息相关性和可靠性之间权衡关系的影响
金美燕 著

世 纪 出 版 集 团
上海人 る 太 版 社 出版

(200001 上海福建中路 193 号 www.ewen.co)

世纪出版集团发行中心发行 江阴金马印刷有限公司印刷
开本 635×965 1/16 印张 9.25 插页 2 字数 92,000
2017 年 8 月第 1 版 2017 年 8 月第 1 次印刷
ISBN 978-7-208-14680-8/F·2476
定价 28.00 元